1日30〜〜〜から始める

# Amazon
# 輸入ビジネス

寺田正信 [著]

# 1年目の教科書

SOGO HOREI PUBLISHING CO., LTD

# はじめに

## ■ 副業で「月商 1000 万円」稼げると言ったら信じますか？

> • 副業で『月商 1000 万円』稼げたら、あなたの人生は変わりますか？
>
> • 『月商 1000 万円』を 1 日たった数時間で稼げると言ったら信じますか？
>
> • この本は、副業でも『月商 1000 万円』を手に入れるマニュアルです。

　副業でも「月商 1000 万円」稼げたら、あなたの人生は変わりますか？

　この本を最後まで読み、実践すれば、「月商 1000 万円」が、1 日たった数時間の作業で手にできるのです。こんな話をしたら、あなたはどう思いますか？

　「そんなうさん臭い話が、あるわけない」と言って、この本を閉じてしまいますか？

　それとも「なんかうさん臭いけど、せっかくだから最後まで読んでみやるか」と次のページをめくりますか？

　この本は、1 日ほんのわずかな時間と少しの作業だけであなた

に「月商 1000 万円」を稼がせてしまう実践のスキルやノウハウを
ご紹介しています。

「そんなことを言っても、結局多くの作業をするから時間も労力
もかかるんでしょ」と思う人がいるのももっともなことです。そ
んな人にこそぜひ実践してほしいと思います。この本に書かれて
いる手順にそって実行するだけの、お手軽実現法です。

本書は、他のよくあるビジネス書のように、過去の成功者や成
功事例を紹介するだけだったり、自己啓発本のように、上から目
線で心の持ち方を説くという類の本ではありません。

わずか千数百円をこの本に投資するだけで、あなたは「月商
1000 万円」のリターンが期待できるのです。


さあ、ここが運命の分かれ道です。

あなたは、この本をとって、年間 1 億円を稼ぎますか。それと
も、この本を閉じて、お金に悩む生活を続けますか？

## ■ 月商 1000 万円を可能にするノウハウ

- すでに、あなたは『月商 1000 万円』を稼ぐ一歩を踏み出し
  ました。
- あなたにも簡単に手に入れられます。
- 理想論や精神論ではない、実践のノウハウです。

読み進んでいただき、ありがとうございます。

　これで、あなたも「月商1000万円」を稼ぐための第一歩を踏み出したことになります。

　ここまで読んだ方のほとんどが「うさん臭いけど、まあ、物は試しだ……」と思われているでしょう。

　それで十分です。

　また、後に触れますが、私がこういうビジネスがあり、その入口に立った時は、あなたと同じほど、いやそれ以上に疑っていました。いや、むしろ憎んでいたと言えるでしょう。

　今の私は、その時疑いの目を向けた"うさん臭い"方法で、人もうらやむ程の年収を得て、毎日楽しく暮らしています。

　この本を読み終わったとき、今、"うさん臭い"と思わっているあなたも、かつての私のように「やります！」と声を上げているはずです。

　なぜ、私がここまで言い切れるのか？

　それは、この本に書かれていることはまごうことなき真実であり、しかも、通り一遍な理想論や精神論ではなく、実践のノウハウが詰め込まれており、この本に書かれていることをを読みながら真似をしていただくだけで、利益が生まれてしまう「生きたノ

ウハウ」に他ならないからです。

この「寺田式物販スクール」のノウハウに関して、私は決して
嘘をつきません。

**■ 寺田式物販スクールは、こんな人にお勧め!!**

> • 今まで他のセミナーや教材に失敗して、がっかりした方。
> • インターネット利用して、大きく稼ぎたい方。
> • 『月商1000万円』以上を稼いで、人生を一発逆転させた
>   い方。
> • お金の苦労に、ほとほと疲れた方。
> • 転売の価格競争に、嫌気が差した方。
> • 今のビジネスの先行きに、不安を感じている方。
> • 独立開業を目指す方。
> • 自転車操業を続けている方。

お金があって迷惑だという人は、あまりいません。

つまり、ほとんどすべての人に、この「寺田式物販スクール」
のノウハウはおすすめできるのですが、特に上述したような方に
おすすめします。

なぜなら「寺田式物販スクール」のノウハウを実行すれば、驚

くほど早く、大きな効果が期待できるからです。

　しかも、極端な例になりますが、開業資金０円、１日１時間の作業でも「月商1000万円」以上を稼げる。そういうノウハウが詰まっているのです。

　１日１時間。これなら、片手間の副業としても十分にやっていけます。

## ■ 僕の物販ビジネスをはじめたきっかけ

　今からおよそ10年前の2011年。20才の私は、大阪の工業高校を卒業して大手電機メーカーの工場で、ライン作業員として働く２年目のサラリーマンでした。

　父母、そして弟の４人家族で暮らしていました。ごく普通の家庭と言いたいところですが、父がちょっと「難あり」でした。

　私の父は、それこそ、どこにでもいる街の水道屋さんでした。しかし、ちょっと山師的なところがあり、小金が貯まると、どこからか怪しげな情報を持ってきては、それにつぎ込み、あっという間に失敗することを繰り返していました。

　父がある日、"せどり"というネット・ビジネスのセミナーの情報を、いそいそと家に持ち帰り「おい正信、これはすごいぞ！」と言ってきたのです。それが私とネットビジネスの出会いでした。

その後、父と参加したセミナーでネットビジネスに興味を持った私は、まずは始めてみることにしました。実践に実践を重ね、ときには失敗もしました。自分なりに研究と工夫を重ね、今ではその方法を「寺田式物販スクール」としてホームページやYouTube、LINEを利用しての無料配信や、日本各地でセミナーを開催させていただいています。

　せどりで月100万円を稼ぐことを目標としていましたが、それはわずか1年たらずで達成しました。

　ところが、月額100万円という目標を達成してしまうと、翌日から何を目標にすればよいのでしょう？　新しい目標は同じです。「月額100万円を稼ぐ」ですが、すでに達成した目標を維持することに目標の質が変わってしまったのです。

　この時、私の心の中に底知れぬ不安や疲労感が湧き上がってきたのです。

　連日の寝る時間を削っての作業も、まだ達成していない目標のためのこと。一度達成した目標を維持することとは、心持ちが違ってきます。仕入れから検品、包装に梱包、発送という、終わりのない作業で、心身ともヘトヘトになっていました。

## ■ せどりビジネスからの転換

　目標を維持するということは、今月扱った高値で売れるような

アイテムを、再び仕入れる必要がありますが、その保証はありません。仕入れられなければ、扱うアイテムの数を増やして売り上げをつくる必要があります。これが大きなストレスとなり、私に乗っかってきたのです。日々の作業による疲労に加え、新たな商品で利益100万円分を確保しなければいけない——。出口の見えない労働を強いられるのです。しかも、これが毎月、毎月、永遠に続くのです。

　いくら若いとは言え、これを毎月続けるどころか、来月でさえ続けられる自信はありませんでした。

　これが、"せどり"ビジネスで月に100万円の利益を上げた「代償」だったのです。

　せどりをビジネスにして2年経たないうちに、このビジネスでは、自分が目指すところに到達できないと感じ、せどりビジネス以外のビジネスを模索するようになったのです。

## ■そしてプライベートブランド販売へ

"せどり"ビジネスから脱却する必要性を感じた私が、もっと効率的にできるビジネスはないかと、試行錯誤を繰り返す毎日を送ることになります。

最初に試してみたのが、中国輸入ビジネスでした。

　これは、中国から商品を輸入して、Amazon やメルカリなどの
プラットフォームを使って販売するビジネスです。

　これは手順が"せどり"ビジネスと非常に似ています。
"せどり"ビジネスでは、商品の仕入れ先が BOOK OFF などの
国内になりますが、中国輸入ビジネスとなると、仕入先が中国の
企業になります。そして、せどりでは中古品でしたが、新品を扱
うことになります。

　中国からの輸入ビジネスと言うと、なにやら敷居が高そうに思
えますが、実際には何も難しいことはありません。これはせどり
と同じですね。アリババとか、タオバオを通して商品を選び、仕
入れ代行業者さんを使って仕入れをし、Amazon や Yahoo! オーク
ション、楽天、メルカリなどで販売するだけのことです。


　私が中国輸入ビジネスをスタートした頃は、こういうビジネス
が知られ始めた頃と重なり、私と同じように多くの人が手を出し
始め、注目を集めていました。ビジネスとして勢いもあったので、
かなりの売り上げを手にできました。

　その手法のひとつに"相乗り販売"というものがあります。こ
れは、例えば Amazon の場合だと、すでに紹介ページのある商品
と同じものを、すでに販売している商品ページに出品して販売す

るというというものです。

"相乗り販売"のメリットとデメリット

メリット

- すでに商品ページが存在しているので、クリック＆入力だけで簡単に商品が販売できる。つまり手間のかからない販売ができる。
- 今までの販売実績のデータがあり、売れる商品だけを見つけて販売ができるので、リスクが少ない

デメリット

- ライバルが多くなりやすいので、価格競争に陥る
- 自分が作ったページに相乗りされる

この方法を試してみましたが、最初は順調だったものの、次第にライバルが増え、労力の割に稼げないことにになりました。

そういう経緯もあり、私は一旦 Amazon での販売から手を引き、ビジネスの主体を輸出転売に切り替えることも試してみました。

国内転売、国外転売、輸入、輸出など、一通りの転売ビジネスを経験して気づいたのは「継続して稼ぐのは難しい」ということでした。

確かに、国内転売から国外転売、そして輸入転売などの転売ビ

ジネスは、注目されない頃なら、ライバルが少ないので、それなりに稼ぐことはできました。しかし、少し時間が経てば、ライバルたちもその方法に気づき、あっと言う間に市場はレッドオーシャンとなります。

　飽和状態になると、当然価格競争が起こりますから、利益どころか、下手をすると赤字となる可能性だってあります。そうならないように、他の人とは違う商品や新たな切り口の転売ビジネスを見つけなければいけません。

　こんな状況ではビジネスといえません。働いても、働いても、一向に資産がたまらないラットレースであり、転売地獄にほかなりません。


　私はここで、一旦手を止めて冷静になり、世の中の経営者の方々のビジネスを観察してみることにしました。そして、私が今までやってきたことは、物販でありながら、物販ではないということでした。

　実際の世界でビジネスをしている経営者は、どこかにある商品を持ってきて、仕入れた金額より高値で販売し、その差額で利益を確保する「転売ビジネス」をしているのではなく、自分だけの商品を開発し、それを販売するビジネスをしていることに気が付いたのです。

つまり、インターネットの世界で言うところの、プライベートブランドを販売しているのです。

　プライベートブランドとは、自らが開発し、自分の会社だけが独占的に販売するオリジナル商品やオリジナルブランドのことです。

　プライベートブランドならライバルと競合することも、相乗りされることもないので、安定した供給と売上を確保できるのです。

　そういう結論に達したとき、もうこれでラットレースに戻る必要がないという安心感と、新しいビジネスを始められるという高揚感を感じました。

## ■ プライベートブランド販売 ” のノウハウを伝授

　せどりビジネスについては、序章で紹介しました。

　せどりとは、どこかで安く仕入れた商品を、ネットで高く売ることをいいます。

　もともとは、古書店で、本の背表紙を見ながら高く売れそうな本を安く仕入れ、マニアなどに高く売る手法です。ずいぶんと前からありましたが、本に詳しくないと生業にできませんでしたが、インターネットの普及により、だいぶ簡単にできるようになりました。今では、新古品や中古品を販売する BOOK OFF などで、売れそうな商品を仕入れ、アマゾンやヤフー・オークションなどで

高く販売してその差額を利益にするビジネス一般を指します。

"せどり"は、非常にシンプルで簡単なことからハードルが低く、誰にでも手軽に始められるビジネスモデルでした。その反面、あまりにも手軽過ぎて、瞬く間にライバルが増えてしまい、ビジネスとして飽和状態になり、割が合わないビジネスとなってしまいました。

　せどりビジネスの問題点は下記のようになります。

---

- "せどり"は、ライバルが多い。
- "せどり"は、安定収入が得られない。
- "せどり"は、労力が多い割に、収入を伸ばせない。

---

　実際に私も"せどり"をやりはじめて、1年ほどで1カ月の利益が100万円を越えましたが、当時の私というと昼間はサラリーマンの二重生活。昼は会社で働き、夜は仕入れと検品、梱包に発送を一人でやっていました。どうやっても1人で1カ月に処理できる件数は限られてしまいます。つまり、それは1カ月で手にする金額が決められてしまうってことです。前述の通り、会社も辞めたので、せどりに注力しましたが、すればするほど私はせどり

ビジネスの限界を感じるようになったのです。

　そんなときに出会ったのが、"プライベートブランド販売"でした。

　安定して利益を生み出す"プライベートブランド販売"

"プライベートブランド販売"とは、オリジナルな商品にロゴやマークを付けて、販売するビジネスです。ロゴやマークを貼るだけだから、実に簡単なことです。せどりだと仕入れが不安定ですし、同じ商品を扱うライバルの存在もあります。しかし、プライベートブランド販売なら、仕入れが安定しますし、ライバルとの価格競争も存在しません。

　ただ"プライベートブランド販売"にも、弱点はあります。それは、売れる商品の見極め、商品の開発や調達方法、ブランディング戦略や販売に至る過程を把握して、お客さまに届けなければいけないということです。プライベーブランド販売のノウハウや経験がなければとても難しいことです。

　しかし、安心してください。あなたがたとえインターネットの初心者でも、月収1000万円を達成できるだけのノウハウと経験を注ぎ込みました。この本の指示するように作業を進めていくだけで、大きな利益が期待できるように構成しています。

この本の最終ページを読み終わったとき、"プライベートブラン
ド販売"の成功を実感しているはずです。

# CONTENTS

## 1章 中国輸入とOEM・ODM なぜプライベートブランド販売が熱いのか？

# 2章 自分のブランドを立ち上げる 失敗しないために必ずするべき7つのこと

# 3章　仕入れ時にするべきこと　輸入に初心者がハマる　落とし穴とは

# 4章 Amazonで販売する手を抜かない準備と売り上げを伸ばす確実な納品方法

# 5章 Amazonでヒット商品を出す ランキング1位も可能！ 注目を集めるための4つのSTEP

本文デザイン・DTP ／横内俊彦
カバーデザイン／木村 勉

# 中国輸入と OEM・ODM
# なぜプライベートブランド販売が熱いのか？

# 国内転売・輸入転売・輸出転売の違いと特徴

## ▶ すべてせどりから始まった

　これまで、安く仕入れて、高く売るビジネスを"せどり"と呼んでいました。これからは、転売として進めていこうと思います。"せどり"も転売も同じことを表す呼び名です。ただ一般的には、"せどり"というよりも転売と読んだほうが、どういったものなのかが想像つきやすいでしょう。

　転売は、読んで字のごとく、どこかにある何かを仕入れて、他の誰かに売ることの差額を利益にするビジネスです。また、物を売ってることから、物品販売、略して転売と呼ばれることもあります。ただ、実際には転売とは区別されることが多いようです。
　物販は、イベント会場などでオリジナル商品を制作して販売したりするビジネスのイメージが強いようです。

　インターネットが普及するまでは、物販と言えば、「売っている場所」に出向いて、「製品を買う」ということが一般的でした。物販する側としては、お店を立ち上げるしか物販はできなかったのです。
　お店を立ち上げれば、維持や運営に労働力が欠かせませんでした。したがって、それなりの投資とリスクが生じていたため、ほとんど知識やつてのない一般の人が、おいそれと手を出せるものではありませんし、ましてや副業でできるほど簡単なものではありませんでした。

## ▶ 転売ビジネス３つのスタイル

ところが時代は変わり、インターネットが普及し、Amazon などインターネット上の販売網が確立しました。特別な知識や技術などを必要とすることなく、転売ができる時代となったのです。その結果、転売をビジネスとする仕組みが生まれてきました。

では、転売ビジネスを詳しくみていきましょう。まず、これは３つスタイルに分類できます。「国内転売」、「輸入転売」、そして「輸出転売」です。

名は体を表すというか、そのままですが、それぞれ解説していきます。

まず「国内転売」ですが、国内の製品を仕入れ、国内で転売するスタイルです。

この国内転売が、最もポピュラーといえるでしょう。

ポイントとしては、時流を読み、一時的に供給不足となる（なりそうな）アイテムを、たとえ定価でもよいので仕入れることです。そのアイテムが売れて供給不足となり、市場価格が高くなった時点で販売して差益を生む方法です。

あるいは、一時的にあるアイテムの在庫がだぶついてしまい、著しく価格が下落しているときにそれを買い取り、市場価格かそれに準ずる価格で売り出し、利益を生む方法もあります。これは、いささか投機的な転売といえるでしょう。

「国内転売」では、次に説明する「輸入転売」にありがちな国際輸送に伴うタイムロス、言語や習慣、文化、商慣習などの異なる取引相手とのトラブルなどの心配が少ないことはメリットと言えます。

極端なことを言えば、その日仕入れたものをその日のうちに販売し、資金回収することも可能なのです。

　「輸入転売」とは、市場価格などの安い海外からアイテムを仕入れて、国内で販売する転売ビジネスです。最近では、アパレル関係のアイテムを韓国や香港で仕入れたり、生活用品・雑貨を中国から仕入れるケースが増加しています。

　「輸出転売』とは、「輸入転売」とは逆に、日本国内で仕入れたアイテムを、海外で転売するビジネススタイルです。主にアメリカやヨーローッパに向けて、日本独自のコミック、アニメ関連や忍者関連のグッズなどを転売するケースが多いようです。

　注意するべきは「輸入転売」と「輸出転売」です。国を越えての品物のやりとりは、品物の種類など日本と相手国の法律に抵触しないことの確認が必要になります。もし、抵触した場合は、没収や販売サイトのアカウント停止にとどまらず、刑法罰を受ける可能性もありますから最大限の注意が必要です。

　また、「輸入転売」や「輸出転売」は、「国内転売」と比べて、顧客とのトラブルが発生しやすいことも事実です。中でも厄介なのは、仕入れてから発送し、顧客の手元に届くまでの時間が長いということです。しかも、返品や交換となった場合は、倍以上の時間が必要となることもザラです。

　それはアイテムの回転が遅くなるということで、結果的に資金繰りに苦労することになります。

　そう考えると、この2つのスタイルは、物販の中級以上といえるでしょう。

では『輸入転売』や『輸出転売』のメリットとはどのようなものでしょうか？

それは、利益率が高いことであり、継続的な取引が可能ということです。

特に利益に関しては、『国内転売』に比べて、はるかに安定しています。円安、円高を上手に活かせば、利益率を 10 ～ 20% も増やすことも可能です。

たった 10% ？ 20% ？　そう思われる方もいるかもしれませんが、少し考えてみてください。

これが 1,000 円の利益であれば、1,100 円とか 1,200 円となるだけです。多くても 200 円のアップです。しかし、1 カ月に 100 万円の利益がある場合なら、どうでしょう。10 万～ 20 万円ものアップとなるのです。

これは時流を読むなど、かなり頭をつかう必要がありますが、大きなメリットといえるでしょう。つまり、ハイリスク、ハイリターンなのが『輸入転売』や『輸出転売』なのです。

# ② 他人の商品で稼ぎ続けることの限界

## ▶ 転売ビジネスで利益を上げたい

転売ビジネスには3つのスタイルがあり、それぞれにメリットやデメリットがあることを紹介しました。

それでも、世の中には転売ビジネスで利益を上げている人がいます。私もその1人です。

実際に転売ビジネスをうまく活用すれば、1カ月で100万円を超える利益を上げることができるのです。

では、どうして転売ビジネスで利益を出すことができるのでしょうか？

それは街中の実店舗よりも、商品販売に関する経費が大幅に違うため、転売ビジネスのほうが利ザヤが大きいのです。

ちょっと考えてみましょう。同じ商品を売るにあたって実店舗の必要経費を考えると、家賃、光熱費、管理費などいろいろと必要になります。でも、あなたが自宅で転売ビジネスをするのであれば、実店舗で必要な費用のほとんどが必要となりません。これらの費用を抑えられるからこそ、仕入れの金額が"実店舗"より、ネット上で販売する商品のほうが高いとしても、利益を得ることができます。売れないアイテムを保管しておく場所はありませんから、できるだけ早く在庫をゼロにする必要もあります。常にアイテムを回転させていく。そう考えると、転売というのは利益を追及する投機的なビジネスと言えます。

　利ザヤが大きく気軽に参入できるのですから、当然ライバルは多くなります。利益を生み出すためには、目先を変えた新鮮なアイテムを見つけ出すか、薄利多売で、マスに向けて数を売るしかありません。新しいアイテムにしても、マスを狙うにしても、費用の点でリスクが大きくなるだけでなく、割く時間と労力も増えていきます。

　つまり、かつて割のよい転売ビジネスは、割の悪いビジネスへと変化しているのです。

　これが正規販売ルート契約をした物販店なら、売れば売るだけ仕入先とのパイプが強くなり、様々な販売支援を受けることができたり、仕入価格が安くなるなどのメリットもあるでしょう。

　しかし転売ビジネスは、差益のみにフォーカスしています。仕入れも1回切りが基本だし、顧客もそのとき限りの場合が多い。全く、よく商売の基本と言われる「人的資産」「情報資産」「知的資産」「外部資産」「金融資産」という5つの資産は、何一つ蓄積されません。

　言い換えると、自分の時間と労力をただひたすらお金に変えているのが転売ビジネスなのです。

　そして近い日に、気力や体力、資金回転のうちのどれかが切れ、ビジネスが成り立たなくなる日が来るのです。

　つまり、これが転売ビジネスの限界なのです。

# ③ 単純転売では長期的には稼げない

## ▶ 転売ビジネスの限界が見えた

　私が関わったわけではなりませんが、転売ビジネスの限界が見えた出来事がありました。

　米国のフィリップ・モリス社製のiQOS（アイコス）という喫煙具が、2014年に日本で発売となりました。これは、タバコ葉を用いてニコチンが摂取でき、従来の電子タバコとも、もちろん紙巻きタバコとも異なり、副流煙が発生せず、匂いも少ない加熱式タバコでした。発売当初から大変な売れ行きで、一般の市場では全く手に入らず、ネット上でかなりの価格高騰が起こりました。

　十分な供給量が市場に出たはずなので、品薄の状態になることはなかったはずなのですが、かなり長い間、一般の方が手に入れられない状態が続いたのです。

　これは、転売ビジネスに起因するものでした。

　転売ビジネスで生計を立てている人を転売ヤーと呼びます。この転売ヤーたちが、iQOSを買占め異常なまでの供給不足が起こったのです。

　この顛末は次のようなものでした。

　大きな動きをみせたのは、組織的に転売をしている転売ヤーグループでした。彼は人海戦術で出回っているiQOSを買占めました。早朝からiQOSストアに数十人、数百人という単位で並び、iQOSを積んだトラックを尾行して、コンビニなどに荷を卸すたびに、店で待機し、そのすべてを買占めたそうです。そして、同様のことを、小規模ながら個人でや

っていた転売ヤーもいたと聞きます。

　こういうやり方で買い占められては、一般人が、仕事の合間にコンビニに立ち寄り「iQOS ありますか？」と言ったところで、あるはずがありません。


　ちなみに iQOS は、正規に購入すれば、公式クーポンを使って 6,800 円で購入できました。それが、ヤフオク！やメルカリなどでは、15,000 〜 20,000 円という高額で転売されていたのです。つまり iQOS を 1 つ転売すれば、13,500 円も利益が出たのです。

　これなら人手を集めて組織的に買占めに走るのもうなずけます。中には、不正な方法で購入し、詐欺容疑で逮捕された転売ヤーまでいたそうです。転売ビジネスでここまでの利ザヤが出るのは珍しいこと。iQOS の転売ブームも通常より長く、1 年ほど続きました。ただ、これはレアなケースです。大抵は、供給が需要を上回り、安定供給されたり、ブームが去ったり、また規制が入り、転売では稼げなくなるものです。

　中には、引き際を見極められず、大量の在庫を抱えてしまう転売ヤーもいたそうです。


　この iQOS 転売から教訓を学ぶとしたら、こういう単純転売は、長続きしないということです。

　しかも、今後、品薄が見込まれそうな人気商品が出たとしても、転売に対して規制が厳しくなることは間違いないでしょう。古物営業法や都道府県の迷惑防止条例に抵触する可能もあるので、転売ビジネスを長期的にはおすすめできません。

# ④ 資産として積み上がっていかない

## ▶ 果てしなく労力を投入しなければ……

　もう少し転売ビジネスについて続けます。

　私が感じる転売ビジネスの最大の欠点は、先ほども触れましたが、時間や労力を使っている割に、ビジネス的資産が何も残らないことです。

　通常のビジネスでは、ビジネスを進めると、人が育ったり、情報の蓄積ができたり、ノウハウが溜まったり、目に見えない信用や、実在する機械や店舗などの金銭的な価値に置き換わるものが残ったり、金融商品等のビジネス的な資産が残っていくものです。これらは「人的資産」「情報資産」「知的資産」「外部資産」「金融資産」と言い換えられます。つまり、直接の利益以外に、お金には置き換えられない価値を獲得できるのです。

　しかし、残念ながら転売ビジネスでは、常に新しい商品、新しい仕入先、新しい顧客を求めてビジネスを展開する、このような「資産」は残りません。あえて転売ビジネスで手にできる資産があるとするならば、それは、ほぼ一度きりの、販売したという実績だけです。

　もしかしたら、あなたは、ネットでの転売ビジネスを肯定するものだと思っているのかもしれません。確かに、私は転売ビジネスによって月収100万円を達成しました。しかし、続けていくうちに、利益以外の蓄積がほとんどないことに気づいたのです。

　では、ビジネス資産の積み上げがなぜ重要なのでしょうか？

　ビジネスとは、顧客がいてこそ成り立ちます。

　あなたが、何かを売りたいと思ったとき、買ってくれる誰かがいないとビジネスにはなりません。つまり、顧客を探すことになります。転売ビジネスでは、ネットを利用するために、顧客など必要ないと思われがちですが、そうとも言い切れません。

　転売というビジネスは、最初に触れたように、誰かに品物を売るという面では同じ経済的行為です、それが実店舗であろうと、インターネット上であろうと変わりません。

　あなたが立ち上げた物販用のサイトにアクセスしている人は、すべてを潜在的顧客と考えることができます。ただ、それはあなたのサイトの見込み客とみなすことはできても、あなたの扱う商品の見込み客ではないのです。

　なぜかと言うと、その人達は、あなたの人柄も、あなたの商品のクオリティーも知らないどころか、あなたの商品が出品されたことさえ、大抵の人は知りません。

　あなたはインターネット上に出品するとき、あなた自身や商品を懸命にアピールすることでしょう。

　しかし、それを目にする人は、サイトに集まっている人の、ほんのわずかな、一部の人たちです。

　しかも、その人達は、あなたの商品を目当てにしているわけではなく、彼らが欲しい商品にアクセスしたに過ぎません。あなたの商品は、キーワード検索をして、山ほど出てきたリストからたまたま目にとまっただけなのです。

　あなたの商品を買ってくれたとしても、購入動機は、ただ安いと感じたからに過ぎません。

　あなたは、この購入者が必要とする、あるいは好む傾向の商品を次に仕入れられる保証は残念ながらありません。実際に仕入れられることはまずないので、二度とこの購入者に商品を売ることはないと考えられま

す。それでも、インターネット上のサイトには毎日数多くの人々が訪れるため、このような偶然の出会いによる取引でも、なんとか価格の操作で売買が成立しているのです。

　ビジネスの基本原則に立ち返ると、このような転売ビジネスは、あまりにも非効率的です。時間とお金を無駄遣いしていると言えます。

　ビジネスの世界では、新規顧客の開拓には、既存客に比べ5〜10倍のコストがかかると言われています。

　このコストとは、単純に経費として持ち出した金額だけでなく、労働を金額に置き換えたときのコストも含みます。

　つまり、ネットでのビジネスのように、新規顧客をメインにしたビジネスではなく、彼らをリピーターにすることができれば、同じ労力を投入すれば、これまでの5〜10倍の売り上げをつくることも可能と考えられます。

　しかし転売ビジネスでは、ビジネスのスタイルが、リピーターを育てるようにはなっていません。これまで説明してきた通り、たまたま顧客の目にとまった商品を扱うビジネスでしかないのです。

　つまり、生産性がないビジネスにひたすら自分を時間と労力を投入しなければならず、常に0からスタートせざるを得ない不毛なビジネスが、転売ビジネス実態なのです。

# ⑤ 脱・転売

## ▶ 脱転売＝中国輸入のODM ／ OEM販売

　今までお話をしてきましたとおり、時間や労力をかけることなく、利益が生まれるビジネスモデルが転売ビジネスとされてきましたが、それはすでに過去のものとなっています。

　つねに労働や時間の切り売りをして、なにもビジネス資産を残せないのが転売ビジネスだったのです。さらに転売ビジネスは、毎月、毎月、偶然仕入れられた商品のみしか売り物にならないため、売上の安定も、広がりも、積み上げも不可能で、つねに労力や時間との引き換えとして売上が存在するのみでした。

　そこで私からの提案したいのは、「脱転売」です。
「脱転売」を果たし、転売ビジネスでは難しい売り上げの安定や、積み上げ、ビジネスの広がりを手に入れられるのが「中国輸入のODM ／ OEM販売」です。

# ⑥ 仕入れの根本を握ること

## ▶ 負のスパイラルからの脱却

「中国輸入の ODM ／ OEM 販売」

これを利用してプライベートブランドをつくることをオススメする理由は、ズバリ「仕入れの根本を握れる」からに他なりません。

私は常日頃から、ネットビジネスにおいて、「仕入れの根本を握る」ことの大切さ、必要性を唱えてきました。物販とは、販売をすることが目的である以上、販売がうまく行かなければ利益は生まれないからです。

ここを疎かにしていては、売れなくて当たり前、失敗して当然です。

実は販売はそれほど難しいことではありません。まずを「仕入れの根本」を押さえておけば、その後の成功率がぐっと上がるのです。

後ほど紹介しますが、私が話す法則やルールを忠実に守っていけば、学生や主婦など物販とはまったくことなる仕事をしていても、すぐに利益が上げることができ、ものの3〜4カ月で利益が100万円を超える人が、続々誕生するのは不思議ではありません。

つまり「売れるのかな?」という心配などは、必要ないのです。

「寺田式物販スクール」では、「売れるのか?」と不安のあるアイテムを売るのではなく、"売れる"ものを売るという、とてもシンプルなセオリーで販売するからです。

大切なのは、「売れるのか?」ではなく、「売り続けられるのか?」なのです。

たとえ「寺田式物販スクール」の法則やルールに従い、売れるアイテ

ムを見つけたとしても、仕入れが不安定で、継続した仕入れができるとは限らないようなアイテムだったら、利益は一過性のものにすぎず、収入の増加にはつながりません。

こういう状態は、あなたが仕入れに振り回されていると考えられます。

こういう負のスパイラルから、抜け出す唯一の方法が、あなたが仕入れをコントロールできる状態を作り出すことなのです。それを実現する手段、唯一無二といっていいと思いますが、それが、「中国輸入のODM／OEM販売」でつくるプライベートブランドなのです。

# ⑦ OEMとODM

## ▶ オリジナルブランドを立ち上げる

今ネットビジネスの間で"パワープレイヤー"とか、"トッププレイヤー"と呼ばれている人たちは、例外なく、プライベートブランドの販売に注力しています。

最初に、「中国輸入のODM／OEM販売」とはどういうものなのか？そしてこの方法でなぜプライベートブランドを作れるのか？　なぜ作らなければならないのか？　それらをお伝えしたいと思います。

そもそも"ODM"や"OEM"は、貿易などで使われる言葉です。

ともに生産の方法を意味し、"ODM生産"とか"OEM生産"のように使われます。両者の違いは、委託発注の方法の違いです。

"OEM生産"とは、委託をするほうが、商品や製品の企画から詳細設計、組み立て図面や製造方法などまでを受託者へ支給し、あるいは、場合によっては技術指導までを行い、生産する方法です。

この方法の場合、委託者のメリットは、製造を受託者に委ねることで、それ以外のブランディングや商品の改良、販売などに集中できることです。さらには、製造に関する設備投資を軽減、または、負担ゼロなど、資金面での負担を少なくできるメリットがあります。

受託者には、生産から生み出される利益と、技術や知識などの向上が望めるなどのメリットがあります。

ただし"OEM生産"を利用して、オリジナルブランドを製造する場合、商品の企画、デザインや設計、素材選定等、商品を最初から最後まであなたの責任において開発しなければなりません。そのかわりに、あなた

の考えたアイテムをそのまま製造できるという楽しさや、満足感を得ることができます。

　一方、"ODM生産"は、受託者が、すでに商品を企画から生産にまでの開発できる能力を持っている場合に行われます。受託者は、消費者の動向を見て、すでに同様のアイテムを展開している場合があります。

　受託者がすでに数種類の同様のブランドを展開している場合があります。

　受託者に委託を行う場合には、コストが若干高めになったり、あなたの考えているアイテムと100%マッチしないかもしれませんが、完成形が予想できるため、リスクの少ない生産を行うことができます。

# ⑧ 中国輸入

## ▶ 中国をビジネスパートナーに

今から15年ほど前までは、アイテムに"Made in China"と書かれていたら、「安かろう、悪かろう」というイメージがありました。

その頃、中国からの輸入ビジネスをしていた方は「どんなに頑張っても、まともな商品が作れない」といって嘆いていました。

ところが、今では"Made in China"と書かれた商品は巷に溢れています。

ユニクロやダイソーの商品やイケアの家具に加えて、プラダ、ヴェルサーチ、アルマーニ、グッチなど、超高級イタリアブランドの製品も中国で生産されています。iPhoneも中国で製造されているのはみなさんご存じの通りです。

さらに台湾、最近では、ベトナムやタイ、フィリピン等、東南アジアで生産された商品も身の回りに多くなってきました。それでも、中国製品の量は比べ物にならないほど目にします。

では、中国の製品は、なぜこんなに巷に溢れているのでしょうか。

それは、人件費が安いからにほかなりません。アイテムを安い価格で販売しても、利益が生まれるのです。さらに、価格の割に高い品質であることも、理由のひとつです。

では、人件費についてみてみましょう。

中国の平均年収は、ある調査によると747万円と試算されているそう

です。

　一方、日本の平均年収は、2015年度の国税庁による民間給与実態調査調べでは、男性が521万円。女性が276万円で、平均するとおよそ420万円になるそうです。

---

平均年収

中国747万円

日本420万円

---

　この数字からわかるのは、中国の平均年収は、日本より327万円も高いことになり、人件費が安いどころか、逆に日本の1.8倍にもなっていることがわかります。

　これでは、「中国は人件費が安い」とは、とうてい言えません。しかし、中国の国内事情を鑑みると、確かに人件費は安くなるのです。

　なぜなら、中国の平均年収の調査には、全人工のおよそ6割を占める農村部の平均年収が含まれていないことにあるのです。

　農村部に住む人々の年収は、100万円にも満たないと言われています。361万人もの富裕層が1年で2900万円もの年収を手にし、瀟洒な生活をする一方、山間に住む人たちはつつましく暮らしています。共産主義でありながら、それほどの格差がある国、それが中国なのです。

---

中国の年収

富裕層361万人　　　2900万円以上

中間層1000万人　　　750〜850万円

サラリーマン層2億人　　250万円〜

農村部5億人　　　100万円以下

---

　ものづくりの正確さや、商品の品質において、日本は世界的にもトッ

プクラスのクオリティーを持っていることは間違いありません。これに対して、中国では、上のような年収格差などから「安かろう、悪かろう」というイメージがありました。しかし、今はそれは過去形になっています。

　これを実現したのは、日本の存在が大きくあります。日本から優れた工作機械が輸出され、生産の方法も日本式のものを積極的に導入して、中国のビジネス土壌は、日本の技術などを巧みに吸収していきました。さらに、開発、研究において、すでに日本をも凌駕しつつあり、世界の先端技術の「工場」となっています。中国自身も最先端技術をさまざまな面で応用し、スーパーコンピューターや、宇宙開発では、すでに日本よりも数歩リードしています。

　確かに近年の中国の技術躍進は目を見張るものがありますが、すべての中国の生産が安心できるのかといえば、必ずしも縦に首を振ることはできません。

　もし、オリジナルブランドを中国で生産するとなれば、きちんとした工場を選ばないと痛い目を見ることは明らかです。

　本書では、どうすれば満足のいくオリジナルブランドを安全に発注し、輸入できるのかをお伝えしたいと思います。

### ■■■ 中国輸入のメリット・デメリット

　中国輸入を行うのには、どんなメリットやデメリットがあるのでしょうか。

　中国輸入のメリットは次のようなものです。

中国輸入のメリット
- 安い原価で輸入できる

- 輸入代行業者がいる
- 商品の種類が豊富
- 再現性、継続性が高い

次にデメリットですが、デメリットには次のようなものがあります。

中国輸入のデメリット
- 納品までに時間がかかる
- 商品の質が悪いことがある

### ■■■ 中国輸入のメリット：安い原価で輸入できる

　これは中国の農村部の年間平均所得が、100万円以下と説明しましたが、中国からの輸入品のほとんどは、農村部や、農村部から都市部に流入した労働者を雇い入れて生産しているのが現状です。

　つまり、中国で商品を生産する場合、農業人口がベースになるため、驚くほど安い商品が豊富にあります。中には、1商品1円をきるものもあるほどの安さです。

　これにより、中国でのオリジナルブランドの生産を小資本ではじめられることができます。

　商品価格が安いということは、安く販売できるということです。

　同様のアイテムが高額で販売されていれば、それよりも多くの消費者が手に取ってもらえるようになります。

　ネット販売においては、「少しでも安い方がよい」と考えがちな購買心理ととても重なるのはお判りになると思います。

　少し考えてみてください。ネットで何かを買おうとする時、数百万円や数千万円という極めて高額のものを、素性のわからない相手から購入

しようと思いますか？

　数万円の商品でもそうでしょう。販売している人や企業を知らない場合、商品くらいは有名ブランドであるはずです。しかも、この有名ブランドが偽物ではないという前提で購入をしているはずです。

　有名ブランドのことを、ナショナルブランドと呼びます。CMなどを通して広く知れわたっており、その商品のクオリティーは保障されているので、高くても売れます。

　しかし、これから中国輸入で仕入れる商品は，基本的にプライベートブランドと呼ばれ、広く知れわたってはいない商品です。

　プライベートブランドが多くの消費者に選ばれる理由は、品質に対して圧倒的な価格の安さです。

　つまり、高くても数千円までが価格の上限と考えてください。

　商品1個の利益は、数百円や数千円かもしれませんが、これが1日に数十、数百売れたとしたら、高額商品を1個売るのと同等か、それ以上の利益が生まれるのです。

　この商品の回転率の高さこそ、キャッシュフローを改善し、成功する鍵となるものなのです。

### ■■■ 中国輸入のメリット：輸入代行業者がいる

　中国は海外ですから、相手と連絡が取れなかったり、日本円を人民元に両替する必要があったり、あるいは、アリババなどのプラットフォームでは、日本人が取引できなかったり、様々な障害があります。

　そこで私達に代わって、取り引きをしてくれるのが輸入代行業者です。

　輸入代行業者を間に挟むことで、アリババなどで見つけたアイテムを、日本でAmazonを利用して、購入するのとほとんど変わらない手間と要領で仕入れることができるのです。

　もちろん、ただ仕入れるだけでなく、OEMやODMなどの間にも入

ってくれます。

　中国輸入の場合、日本と中国の間には取引量が非常に多いことから、代行業者も多いため、東南アジアなどからの輸入に比べて、遥かにシステム的で、手楽に輸入できる環境が整っています。

　中国輸入のデメリットのところでも触れますが、中国輸入では、不良品などが発生する確率が国内生産と比べて高くなる可能性があります。

　不良品への対応ですが、日本国内に輸入されたあとになるので、不良品が見つかった場合、返品交換に労力や費用も必要になります。多くの場合は、諦めることになります。

　こういう場合に輸入代行業者が力を発揮します。日本に発送する前に中国国内での検品を依頼することも可能です。きめ細かい対応で不良品の発生率が圧倒的に少ない輸入代行業者もあります。

　どの輸入業者を使うか——。中国輸入を成功させるポイントの一つです。

### ■■ 中国輸入のメリット：商品の種類が豊富

　中国は「世界の工場」と呼ばれるほど、ありとあらゆるものが生産されています。恐らく、中国で生産されていないものを探すほうが難しいともいわれるほどです。同様の商品を、異なる多くの工場で生産し、切磋琢磨しています。このように経済的に勢いのある状況が、私たちにとって、大きなメリットの一つになるのです。

　例えばある商品を、多くの工場が生産している場合、クオリティー、デザイン、そして価格も様々です。同じ商品でも利益幅や、販売戦略から、どの商品にするか選ぶことができるのです。もちろん、OEM や ODM を含めて、輸入条件などの交渉も可能になります。

　それによってライバルとも競合しにくくなることになります。

### ■■■ 中国輸入のメリット：再現性・継続性が高い

　再現性と継続性が高い——。これが、中国輸入の最も大きなメリットかもしれません。

　本書で身につけたノウハウで正しく中国輸入ビジネスをおこなえば、どんな方でも30〜100万円の利益を達成できるのです。これが再現性の高さということです。

　これも正しいノウハウを知って行うことが必要ですが、利益を生む仕組みを一度作ってしまえば、それをキープし、成長させ続ける可能性が高いのもこのビジネスの特徴です。

　ただし、中国輸入には、デメリットもあります。

### ■■■ 中国輸入のデメリット：納品までに時間がかかる

　いくら地理的に近いとは言え、やはり海外ですから、納品までに時間がかかることはやむを得ません。国内転売だと、早ければ翌日に販売できてしまいますが、中国から輸入する場合、在庫があっても最低5日は必要です。在庫がない場合には、どうしても1週間は必要になります。

### ■■■ 中国輸入のデメリット：商品の質が悪い場合がある

　最近では、ずいぶんクオリティーが上がりましたが、商品を中国から輸入する場合、ターゲットとする商品は、数万もする高額な商品ではありません。つまり、薄利多売を狙う商品なので、日本の商品基準からすると、「品質が悪い」となります。

　これを可能な限り防ぐには、同じ商品でも、質の高いものを販売しているセラーさんから仕入れることと、目視検査を徹底的に行うことです。

　それでも見逃してしまい、クオリティーの低い、もしくは欠陥商品を購入者に送ってしまうこともあります。このような場合、丁寧な謝罪文と一緒に、可能な限り早く代替品の送付することが大切です。

このような手間や、余分な出費も計算に入れておく必要があります。

# 9 あなた自身があなたのブランドのプロデューサー

## ▶ 自分がプロデューサーに

　ODM ／ OEM を利用して、あなたのプライベートブランドをつくるということは、あなたがその商品のプロデューリーとなり、すべてをコントロールするということです。そして世界に一つしかない理想のブランドや商品をつくることを意味します。

　転売の場合、そのアイテムがナショナルブランドであれ、プライベートブランドであれ、どんなに頑張って販売しても、あなたの手元に残るものは、販売価格から仕入れ値や必要経費を引いて残った利益だけです。

　利益を出すのが目的ですから、もちろんそれで良いことなのかもしれません。

　しかし、今まで説明したように、転売の商品は仕入れが安定せず、ライバルの参入などの外的要因で、一定の利益が保証されるわけではありません。

　ところが、ODM ／ OEM によってプライベートブランドをつくり、販売と、まず仕入れ値が安定します。さらに、自分のブランドを扱うわけですから、ライバルとの価格競争もなくなります。あなたのブランドをつくり、育て、広げていくということに専念できるのです。

　努力をすればする分だけ、ブランドの認知度が日本中、もしかしたら世界中に広がるのですから、その喜びたるや、です。

　私は、転売ビジネスからネットビジネスをはじめ、転売を最高のビジネススタイルであると疑わず、ひたすら売り続けました。そして、その

後紆余曲折を経て『プライベートブランド販売』にたどり着きましたことはこれまでに説明しました。

　私にとって転売ビジネスからプライベート販売へシフトした理由は、転売ビジネスの限界とプライベートブランド販売の可能性でした。

　私は転売ビジネスで、月収が100万円を超え、当初の目標である、お金の不安がなくなりました。

　しかもネットビジネスのプレイヤーとして、「成功者」と呼ばれるようにもなりました。

　それでも、転売のための仕入れから発送の煩雑さに追われて、気力が萎えていきました。それは、転売というビジネスに、『喜び』を感じられなくなったからです。いや『喜び』を感じられないどころか、日々の煩雑さに『苦痛』を感じたほどでした。

　ところが「プライベートブランド販売」には、利益はもちろん、自分の思いが詰まった商品が、次第に消費者に受け入れられ、喜ばれ、広がっていくのです。

　毎月、売り上げが伸び、一度喜んでもらった消費者には新たな商品を紹介していき、喜びや感謝の輪がどんどん大きくなっていくのです。

　これをプロデューサーという立場で感じるのは、なんと痛快で愉快なことでしょう。

　この喜びこそ、本当の「物販」だとわかったのです。

　自分の思いの詰まった愛着のある商品を売り、手元に届けることは、単に利益のためではなく、まさに私の喜びのためだと思うようになったのです。「販売」そのものが喜びへと変わってしまったのです。

　このよう気持ちが入ると、売り上げもさらに上がりますし、売り上げが上がれば、喜びも愛着も大きくなる正のスパイラルに入っていきます。

　もしも、あなたがファッションに興味があるとします。

ファッション業界には、PRADA、Gucci など多くのナショナルブランドがあるのはご存じの通りです。

　想像してみてください。あなたが作り出したプライベートブランドが、数年後、数十年後、もしかしたら PRADA と並ぶほどのナショナルブランドとして世の中に広まっているかもしれません。
　夢物語ではなく、実際にこのようなことがないとは誰も言えません。言えないどころか、十分にありえることなのです。
　PRADA も Gucci も、最初はミラノで小物を売る小さなお店からスタートしたわけです。
　そして、今、このようなナショナルブランドの中には、実際に中国で生産しているブランドも多くあるのです。誰もが知っているブランドを生産している工場で、同じ素材を使い、同じ方法でつくられた超高品質な商品を、そのブランドの 20 分の 1 や 30 分の 1 の値段で販売できるのも、中国のプライベートブランドビジネスの魅力であり凄さと言えるでしょう。

# 10 寺田の実績

## ▶なぜこの実績を実現できるのか

　私が販売している商品のひとつに、「ホーム＆キッチン」というカテゴリーでランキング１位となったものがあります。

　１日の売上がおよそ６万円でした。販売個数では61個でした。この売上を販売個数で割ると、わかりますが単価980円程の商品でした。
【囲み】

> 商品価格
> 約60,000円（売上／日）÷61個（販売個数／日）＝約980円（販売価格／個）

　この商品を例に、プライベートブランドのビジネススタイルについて説明しましょう。

　１カ月を30日とすると、１カ月の売り上げは

> １カ月の売上
> 約約60,000円（売上／日）×30日＝180万円（売上／月）

　このようになります。180万円以上の売り上げとなることがわかるはずです。

　この商品は、私が中国でプライベートブランドとして作りました。この商品の利益率は５割なので、私はこの商品一つで、およそ90万円の利

益を得たことになります。

> この商品の一月の利益
> 180万円(売上／月)×50%(利益率)＝90万円(利益／月)

　このように理想的な利益を生み出してくれている商品です。わずか販売価格980円の商品をAmazonで販売するだけで、私は90万円の収入となっているのです。

　その商品のために私がしたことは、商品を作り、数度に分けて中国から商品を仕入れ、検品し、Amazonに送っただけです。

　なんと楽な話でしょう。

　もしこれが、1カ月90万円の売り上げではなく、30万円で良いのであれば、もっと楽なお話です。

　あるいは、同じ90万円の売り上げだとしても、私の場合は1商品での売上ですが、10商品を販売しないと、同じ売り上げに届かないならどうでしょう。

　商品が10倍になれば、手間もリスクも10倍になるので、あまり良いビジネスとは言えないでしょう。

　最小限の手間で最大限の利益を手にする。これが『寺田マジック』なのです。

　付け加えるなら、私のプライベートブランドの商品で、これが最も売れている商品というわけではありません。

　もうひとつ事例を紹介しましょう。

　その商品は1日に15万円を売り上げています。

　この商品は、利益率がもう少し高く、6割になります。1日128個販売して、15万円の売り上げ。単価は1200円程度で、それほど高くありま

せん。

　しかし、この商品は次のような強みがあります。

┌─────────────────────────────────────────┐
│ 15万円×30日＝450万円(売／月)              │
└─────────────────────────────────────────┘

となり、利益が6割なので

┌─────────────────────────────────────────┐
│ 450万円(売上／月)×60%(利益率)＝270万円(利益／月) │
└─────────────────────────────────────────┘

　驚くべきは利益率が1割高いと、利益がこれほど上がるのです。

　これからネットビジネスに入っていこうとするあなたにとって、1カ月に270万円という利益は、想像を上回るものではありませんか？

　プライベートブランドつくることにより、売れ筋の商品を1つ販売するだけで十分な利益を稼ぎ出せるのです。

　ただ1アイテムだけでは、不安定な要素もあるので、複数持つことを進めます。

　目標は、1日10万円の売り上げです。まずはこの金額を目標にしてビジネスをスタートしましょう。

　月に、300万円の売り上げを出し、利益率が5割だとして、150万円の収入があれば、あなたの人生は確実に変わるはずです。

# (11) 中国輸入×Amazon販売の流れ

## ▶ Amazonをうまく活用する

　ここからは、プライベートブランドのプロデュース、製品の中国輸入、そして Amazon での販売までという一連の流れについて説明していきましょう。

　はじめに、何を売るべきなのかを考えましょう。

　この「何を売るべきなのか」を考えるとき、あなたの思いつきや、カンを信じてはいけません。

---

中国輸入からアマゾン販売までの流れ
リサーチ→仕入先検索→代行業者へ依頼→検品・包装→商品ページ製作→納品

---

　何が売れるのか、何を売るべきなのかを決めるのは、あいまいなカンなどではなく、リサーチです。そこからはじめるのが成功への第一歩です。

　リサーチの方法はいろいろありますが、最も簡単なのは、Amazon でアイテムを売るのですから、Amazon でどのようなものが売れているのかを調べることです（この詳しい方法は、後でご説明します）。

　そのリサーチをもとに、輸入したいアイテムに目星をつけます。そして中国の EC サイト、アリババ 1688.com（https：／／ www.1688.com ／）にアクセスし、仕入先を探します。

仕入先を見つけたら、輸入の代行業者に発注依頼をかけます。

輸入代行業者は、商品の仕入れ、通関、そして日本への輸出をあなたに代わっておこなってくれます。中には、中国国内で検品を行ってくれるところもあります。

商品が届いたら、検品と包装を行います。

この検品作業を疎かにすると、不良品を見逃すことになり、のちにクレームとなる可能性があります。ひいてはあなたのオリジナルブランドの信用度を落とすことになるので、慎重な検品と丁寧な包装を心がけましょう。

次にするべき作業は、Amazon内の商品ページ制作です。

輸入したものは、あなたのプライベートブランドの商品です。Amazon内にその商品ページは存在していません。そこで販売のためには商品ページが必要となります。

商品ページができたら、梱包した商品をAmazonに送り、納品して終了となります。あとは、商品が売れれば、自動的にAmazonが商品を購入者に配送してくれます。

# (12) OEM・ODM って難しいのじゃないの？

## ▶ OEMとODMをうまく使う実例

　OEM や ODM を利用したプライベートブランドの販売には興味があるけれど、実際にそんなにうまく売れるのかと疑問を感じている方もいることでしょう。

　そこで寺田式ビジネススクールのノウハウを身につけ、実際にプライベートブランドの販売に挑戦した実例を紹介したいと思います。

### ■ 宮崎さん 20 才男性（会社員）

　宮崎さんは『寺田式ビジネススクール』と出会い、プライベートブランドの販売に挑戦し、わずか4カ月で月商210万円、月額利益80万円を達成しました。

　彼が『寺田式ビジネススクール』を選んだ理由は「物販は投資ではないから」でした。

　つまり「投資」は資金を注ぎこむことで、現金が一旦数字などに置き換わります。

　失敗をしたら、その数字が0となり、何も残りません。ところが、プライベートブランド販売では、資金は数字ではなく、一旦商品というものに置き換わります。

　つまり、商品という現物に置き換わるということは、資金が数字という実体のないものになったわけではなく、資金が商品に変わっただけのことなのです。

この商品は突然消えてしまうことはなく、必ず売れてお金に変わるということが、"投資"とは大きく異なる点です。

例えば、1,000円で100個仕入れた商品を、単価3,000円で販売したとしましょう。

最初は順調に商品が売れていましたが、販売数が残り50個になったとき、価格競争などが激化して、売れなくなってしまったとします。

本来であれば、3,000円×100個を売り切り、売り上げが300,000円、利益が200,000円となるところでした。ところが、現実には3,000円×50個でしかないので、売上が150,000円、仕入れ価格を引くと利益は100,000円ですから、当初の目算から100,000円もの減益となり、所期の目標とは異なることになります。

ただ、仕入れに費やした資金は100,000円です。目標の50％しか達成できませんでしたが、最初に投資した資金は回収できています。ただ、輸入や販売にかけた時間や労力への対価は目減りしてしまうことになりました。

売れ残った50個は在庫になり、これはリスクとなります。そのリスクを回避するため、価格を1,000円にまで値下げして販売をします。『寺田式』の中国輸入には、輸入時の原価で売れば、必ず飛ぶように売れてしまうという強みがあります。

値下げすると売れるというのは、販売プラットフォームのAmazonの特性ひとつです。Amazonで購入するユーザーは、少しでも安い商品を選ぶ傾向が強いからです。

もうひとつの強みは『寺田式ビジネススクール』のリサーチスキルを使えば、必ず売れるアイテムを商品化しているからです。

つまり、まず売れるアイテムを商品化して販売する。売れ残ったときは、資金割れをしないように意識しながら輸入時の原価を底値で販売するのです。これはライバルも価格競争では太刀打ちできません。つまり

売れて当然ということになるのです。

　物販と投資の決定的な違いに気づいた、宮崎さんはわずか19才という若さながら、ネットビジネス界で一目置かれる存在となったのです。

### ■■■ 小泉さん 30代男性（自営業）

　小泉さんは、奥様と小さなお子様が2人います。一級建築士の資格を持つ大変優秀な方です。

　大手の建築事務所で働いていましたが、彼の上司が会社上層部と部下の板挟みとなり、苦しんでいる姿を目の当たりにして、会社への不信感がぬぐえなくなり、突然独立をすると言い出しました。

　もちろん奥様も小泉さんの両親も大反対をしましたが、彼の決心は変わらず、会社を辞め独立することとなりました。

　独立した小泉さんは、希望に満ち、奥様やご家族に報いるため必死に働かれました。

　しかし、突然独立しても仕事がすぐにあるわけでもなく、わずか3カ月で事務所を閉めることとなりました。

　家族たちの反対を押し切って独立に失敗をされた小泉さんは安定した収入を得るため、いろいろと模索しました。そうしてたどり着いたのが『寺田式ビジネススクール』なのです。

　『寺田式ビジネススクール』に心酔した彼は、失敗を取り戻すため、自らを鼓舞して、実直に取り組みました。その結果、驚くような結果を出すのです。

　1カ月目で月商60万円、利益20万円。

　2カ月目で月商150万円、利益50万円。

　3カ月目で月商200万円、利益72万円

　本人の強い気持ちもあり、かつての本業以上の収入を得ることに成功

しました。そして、今でも順調に商品をリリースし続け、収入を伸ばしています。

## ■■ 片岡さん 30 代女性（主婦）

片岡さんは、もともとご主人とご一緒に、国内転売をされていました。

主にご主人様が仕切って、片岡さんはお手伝いとして、検品や梱包を担当するという役割分担でした。ところが国内転売の売り上げが落ち込み、赤字が出始めたため、彼女がプライベートブランド販売にチャレンジすることになり、『寺田式ビジネススクール』をはじめたのです。

もともとパワフルな奥様の性格も幸いし、結果はすぐに出ました。

2カ月目で月商 100 万円、利益 30 万円。

3カ月目で月商 160 万円、利益 48 万円。

4カ月目で月商 370 万円、利益 140 万円。

最近では、2つ目の商品をリリースし、月額利益が 200 万円を超えるようになりました。ご主人様は国内の転売ビジネスをやめ、彼女のサポートに回っています。

片岡さんは女性らしく「売れる商品を見つけるのは、ウインドウショッピングをしているようで楽しい」とプライベートブランド販売を心から楽しんでいます。

ここで紹介した3名に共通するのは、ODM ／ OEM の初心者かつ、プライベートブランド販売も初めてだったことです。そのため、『寺田式ビジネススクール』で、「物販とはなんぞや」という、初歩の初歩からスタートできたのです。

しかし、みなさん『寺田式ビジネススクール』のノウハウを忠実に守り、努力をして、わずか2カ月程度で成功を手に入れたことは事実です。

今は ODM ／ OEM を難しいと思われているかもしれませんが、みなさんも、2カ月、3カ月後には、彼らのように成功を手にされている可能性が非常に高いのです。

　あとは、ほんの少しだけ勇気をもってチャレンジするだけのことです。

# 2章

# 自分のブランドを
# 立ち上げる
# 失敗しないために
# 必ずするべき7つのこ
# と

# ① OEM販売

それでは ODM ／ OEM 販売を細かく説明していきます。

## ▶ ODM販売とは

企画・設計・生産という工程すべてを外部に委託し、オリジナルブランドとして販売することを ODM 販売と言います。

オリジナルブランドの作成は簡単です。中国で実際に売られている商品の中から、気に入ったものを選び、それに自分のロゴやタグを入れて作業は終了です。あなただけのオリジナル製品を販売する準備が完了したのです。

ODM 販売のメリットは、リードタイムと呼ばれる、商品発注から、開発、生産、納品までの時間が短くて済むということです。

それと、安価で製品を手に入れられるということです。

安価にできる理由は、すでに大量に生産されているものなので、在庫があればすぐに買うことができるからです。

ODM 販売でなく、自分で生産までするなら、数十個、数百個、場合によっては数千個単位で発注しないと生産してもらえない場合もあります。その点、ODM なら、1 個から販売してもらえるケースもあるのです。このように必要とする数だけ仕入れられるのは、資金的には非常に楽になります。

この2つが ODM の非常に大きなメリットとなります。

ODM 販売には、確かにデメリットはあります。

ライバルとの差別化に弱いということです。

取り扱う商品は、中国ですでに販売されているものです。ライバルが、あなたと同じように調べれば、同じように簡単に仕入れることができるのです。

ネットビジネスにおいて、差別化はとても重要で、売り上げに直結します。

ODMとは、既製品に自分のマークやタグをつけるのですから、「相乗り」と言える部分もあります。そのため、最終的に価格面の競争となってしまうからです。

では、ODMの場合には、どのようにして差別化をしていけばよいのでしょうか？

最もオーソドックスなやり方は、商品に付加価値をプラスすることです。

例えば、Amazonで販売する商品がノートだったとします。

もし、Amazonでノートを買おうとして検索したときに、同じノートを売っている2つのブランドを見つけたとしましょう。

片方のブランドでは、ノートだけで2,000円の金額でした。もう一つのブランドは、ノートにペンが付いて同じ2,000円での販売でした。

あなたなら、どちらのブランドから購入しますか？

ほとんどの方が、ノートにペンが付いて2,000円で販売されているブランドから購入することでしょう。

それはなぜなのか？

それは、得だからです。

もうひとつ例を挙げましょう。

63

ノートを売っている2つのブランドがあります。

一方のブランドは、先ほどと同じようにノートにペンが付いて2,000円で販売されています。

そしてもう一方のブランドは、ノートに洗濯はさみが付いて2,000円で販売されています。

このときあなたなら、どちらを購入されますか？

この場合も、多くの方がノートにペンが付いて2,000円の商品を選ばれることでしょう。

なぜなら、洗濯ばさみがいらないわけではありませんが、今回の購買はノートが目的で、検索したけっかそのブランドにたどり着いたわけですから、ノートに関連したものが付いている方を選ぶと考えられるからです。

取り扱う商品に付加価値をつける基準として、もとの商品との関連性の「あり」か「なし」かで判断されます。もちろん「あり」の方に付加価値を感じます。

つまり、「おまけ」などをつけて販売することで、付加価値を上げる場合には、関連性のあるものを選ぶほうが効果的です。

注意したいのは、このとき原価を上げすぎては、利益を圧迫するので、セットにする商品100円以内に抑えておく必要があるでしょう。

このように細かい部分まで原価を管理すると、約10万円で1商品を立ち上げることができます。

## ▶ OEM販売とは

OEM販売は、企画、設計は自分で行い、生産だけを外部委託する方法です。

ODM販売が、設計、生産とも外部に委託する方法で、既存の商品に

ロゴなどだけを入れて輸入するような手法なのに比べて、OEMは、企画や設計をこちらで行い、生産を外部に委託するものです。そういうと、非常に難しく感じるかもしれません。

ところが、次のようなケースも、立派なOEMとなり、その手間はODM販売とあまり変わりません。

例えば、中国であるメーカーが、バックを作っていたとしましょう。

このバックは、デザインも良く、素材も良く、価格も手頃なのですが、どうしてもマチが狭すぎて使いづらかったとしましょう。マチというのは、日常の動作で擦り切れたりしないようにあらかじめ布に余裕を持たせることです。

マチさえもう少し広ければ、日本で売れると思ったあなたは、早速、同じデザイン、素材で、マチの広い商品をオーダーし、プライベートブランドのロゴを付けて輸入し販売しました。

この場合、既製品の一部改良にすぎませんが、立派なOEM販売です。

なぜなら、マチの広いバッグは作られていなかったわけです。あなたは日本のマーケットの需要を勘案し、マチが広いバックが売れると判断し、今までなかった商品を生み出したのです。

それは、マーケティングから、企画、設計までをあなたがおこなったと言ってもよいのです。

OEMですから、あなたがデザインして商品を作ることもできます。しかしそれは、クリエイティブ性が高すぎて、素人にはハードルが高すぎるでしょう。

先ほどの例のように、一部の改良などでも十分、OEM販売と言えるのです。

既存の商品をお客様の要望に沿って、改善するだけでも十分にオリジナル商品になります。

OEMは不便だと考えられるところを改善するものだと考えたら良い

でしょう。

この場合、不便だと思われるところを見つける、もしくは、その商品を使っている人から不便な部分を聞くのが、マーケティングになります。その上で、「マチがもう少し広ければ便利なのに」という声が上がってきて、「既存の商品のマチを広げた商品をリリースしよう」というのが企画になり、「○○センチマチを広げる」というのが設計になります。これならば、既存の商品を生産している工場に「あと○○センチマチを広げてください」と言葉で伝えれば、工場は割と簡単に広げてくれます。

これで、ほとんど手間もなし OEM を達成したことになるのです。

このように、OEM のメリットは、差別化しやすい。真似をされにくい。ここは ODM と大きく違うところです。

また、お客様の声をリサーチしているので、既存の商品よりも優れた商品になっているはずです。

わずか 1 カ所の改良をした OEM 商品は、ライバルが真似るには難しいものです。それには、既存の商品を仕入れ、比べるため、時間もお金もかかります。

多くの輸入転売セラーは、時間もお金もかけたくないという人たちです。つまり、真似するのにお金も時間もかかる OEM 商品は、真似されにくい商品だと言えます。

では、OEM のデメリットを考えましょう。それは、リードタイムが ODM 商品よりも長いということです。そして、もう 1 つ。コストが高くなりがちなことです。

OEM が ODM に対して時間がかかるのは、先ほどのカバンのマチを例にとると、ODM では、既存の商品にロゴマークやタグを取り付けるだけで良かったのに、OEM では、企画書を作り、サンプルを制作して

もらい、これを確認したあとに本生産に入らなければならないからです。

こうなるとODMに比べて、1～2工程多くなります。そうなると、発注から納品までの期間が4カ月程度は必要となってしまいます。

コストがかかるというのは、ODMが既存の商品であるのに、OEMは特注品になるので、経費が反映され単価も、総仕入れ価格はどうしても高くなります。

これに加え、特注品の場合、最低ロットと呼ばれるある程度の数を発注することが求められます。最低ロット数は、商品によっても異なりますし、同じ商品でも、工場によって基準が異なるので、一概には言えませんが、それなりの金額を準備しなければなりません。私の経験から言うと、少なくとも30万円は必要になります。

ではODMとOEMのどちらを選べばよいのでしょうか？　私はどちらもやるべきだと考えます。

すでにODMをしていて、商品ラインナップを多くしたいと思うのであれば、すぐにOEMをはじめるにこしたことはありません。

これから中国輸入ビジネスをスタートさせようと思っているのなら、迷わずODMからはじめるべきです。まずは商品を販売する経験を通じて、様々なことが学び、理解できるようになるからです。

もちろん『寺田式ビジネススクール』を通じて、中国輸入ビジネスのポイントや、方法、成功の法則は学ぶこともできます。それでも、実際の売買の経験は貴重なものです。「大成功」を手にするためには、必ず通るべき道と考えます。

あなたの成功のカギを握るのがOEMで、ある意味あなたのビジネスへの考えを根本から変えるビッグチャンスでもあります。

大成功を実現するために避けられない経験ということは、言い方を変

えると、大成功を実現するなら絶対に失敗できない行程という意味です。

　失敗できないのなら、失敗しない仕組みを作り上げておけば良いのです。

　そんなことができるのかと思うでしょうが、できるのです。

　それは、ODM において、成功している商品をいくつかキープし、そのラインナップを増やす目的として、OEM を利用していくことです。

　これを、先ほどのカバンに例えてみましょう。

　最初は ODM でカバンを輸入販売し、ODM のカバンのラインナップを少しずつ増やしていきます。

　この中で、あなたの手元には、日本で売れ行きの良いカバンはどんなものなのか。そして、購買者から様々な要望が伝わって来るはずです。

　ODM によるカバンの輸入販売で、一定数の販売を確保しておき、ノウハウやお客様の要望を知れば、次にどんな商品を販売すれば、より売り上げを伸ばすことができるかわかるはずです。

　そこで初めて、お客様の要望を取り入れた商品の OEM 販売を実行するのです。そうしれば、より大きな売り上げが見込め、大成功はあなたの手に入るという仕組みです。

# ② 商品事例

ここでは、プライベートブランドの販売を Amazon でどのように進めていくのかを手順に沿って説明していきます。

## ▶商品事例1 大容量ボディーバッグキャンバス素材

ODM で仕入れた商品を販売する場合、商品に付加価値をつけて販売する方法と類似の商品を複数販売する方法があります。

ある商品が売れているのであれば、その商品とはデザインが一部違ったり、仕様が異なったりする商品にも需要があるはずです。その実例を説明していきます。

Amazon でキャンバス素材の大容量ボディーバッグが売れていました。そこで、違うデザインの、キャンバス素材による大容量ボディーバッグを作り、販売したのです。その流れを示していきます。

### オリジナルブランドのページを作成

ODM 販売で商品を輸入したら、Amazon に送り、Amazon 上でオリ

ジナルブランドのページを作成します。その作成を立ち上げることでプライベートブランドとして認められるのです。

## オリジナルのタグをつける

プライベートブランドのページを作成する際にアップロードする商品写真の1枚にブランドタグの写真を入れます。たったこれだけで、Amazon上においてあなたの商品はプライベートブランド商品として認定されるのです。たとえライバルが、アリババなどで同じ商品を見つけたとしても、このページではブランドが違うために販売することができません。

## 自分のブランドを作る

もしライバルが、アリババなどで同じ商品を見つけたとしても、このページではブランドが違うために販売することができません。

　この商品は実際に Amazon で、2880 円で販売されていて、シューズ ＆ バッグ部門で 1857 位となっている商品です。

## 中国の EC サイトで購入

　もともとこの商品は中国で販売されていて、12 元から 16 元、購入は 3 個から可能でした。

　執筆している現在のレートでは、1 元あたり 17 円程度です。ただ中国から仕入れる商品には、関税や代行業者の手数料等が必要となります。業者への手数料等は、仕入れ量が増えれば、ある程度分散されますが、初期の段階では仕入れ量が少ないため、多少高めに設定しておいた方が良いでしょう。

　そこで私の場合は、経費などを含め 1 元あたり 25 円で計算することで、この商品を扱うのにかかる費用を簡単に計算できるようにしています。

　軽くて仕入れ単価の安いものを大量に扱えば、経費も安くなりますから、1 元あたり 25 円ではなく、23 円や 22 円になることもあります。送料も航空便ではなく船便に変えれば、その分安くなります。

　本書では、1 元あたり 25 円のレートで換算することにします。

---

バッグの仕入れ単価
16元 × 25円 ＝ 400円

---

上のように仕入れ単価が計算され、400円であることがわかります。

これをAmazonでは、2,199円で販売していますから、Amazonの手数料（844円）や仕入れ単価400円を引くと、1個あたりの利益は955円となり利益率は44％となることがわかります。

## Amazonにアップ

この商品は、Amazonのシューズ＆バッグ部門のランキングが1857位でした。経験を積んでいけばわかるようになりますが、ランキングを見ただけで、どの程度売れているのか予測できるようになってきます。

シューズ＆バッグ部門でランキングが1800位ぐらいだと、1日およそ10個程度売買されているはずです。

そうすると次のように計算できるはずです。

バッグの月間販売金額
10個／日×30日＝300個
955円（利益／個）×300個＝286,500円

つまり、この商品は1カ月におよそ286,500円の利益を上げていると考えることができます。

この商品をAmazonで販売する経緯を思い出してください。Amazonで売れ筋だった大容量バックに目をつけ、類似商品を中国で探しこれに

オリジナルタグをつけ、プライベートブランドの商品として販売しただけです。

これだけで、1カ月でおよそ30万円超の利益を上げることができるのです。

しかも、十分に他の商品と差別化ができているため真似されることもありません。

この方法で、1カ月300,000円もの利益を出せるのであれば、十分やるに値すると思います。

## ▶ 商品事例2

次の商品は、iQOSという電子タバコのケースです。この商品は、Amazonのシューズ＆バッグ部門で販売されています。

### 正方形がフックとなる

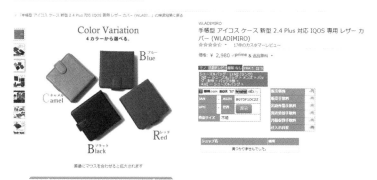

iQOSのケースは、非常に人気がありライバルも多い分野です。iQOSのケースにはいくつもの種類があります。財布型、キーケース型、ポシェット型が人気です。中でも最もポピュラーなのは手帳型です。正方形で縦横12cmほどで、ポケットに収まるタイプです。それをAmazonで

扱いました。

　この正方形というのがフックで、一般に iQOS ケースは縦長の商品が多いのですが、この商品は珍しく正方形となっています。

## ギフトカードで差別化

　種類もたくさんあるこういう商品を扱う場合には、なにか「おまけ」をつけることで差別化を図ります。従来の商品とオリジナルのギフトケースを組み合わせました。ポケットやカバンに入る小物を扱うときにはギフトケースをつけて他と差別化するのが定番といってよいでしょう。おまけがつくことでお得感が出て、多くの人の目に留まる効果が期待できるのです。

　しかも、オリジナルのギフトケースをつけることで、このセットをプライベートブランドとして販売することもできるのです。

　では、その仕入れから発送までの手順を説明していきます。

## 大量購入でコストダウン

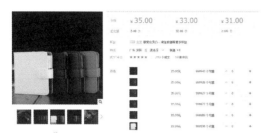

　iQOSのケースは、中国で販売されているアイテムを輸入しました。中国の販売ページを見ると、1個あたり35元から仕入れることができることがわかりました。また100個以上の一括仕入れで、31元となることから、大量に仕入れることで大幅なコストダウンを行うことが可能な商品でした。

## アマゾンにアップする

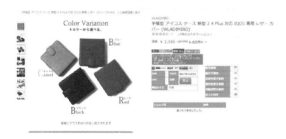

　この商品を中国から仕入れることになりますが、前の商品のように経費などを上乗せせずに100個以上仕入れた時の31元として計算します。

　この商品の販売ページでは、1個あたり2,980円で販売されています。

> 仕入原価
> 31元×25円=775円

## 高い利益率を確保

トータル利益　1423円×750着＝1,067,250円
**1,067,250円の利益**
＋1423円
＋48%

　つまり、2,980円から仕入原価の775円と、Amazonの販売手数料（682円）を引くとと1,423円の利益となります。利益率は48%となります。

　この商品は、利益金額で1,000円を超えており、なおかつ利益率でも50%に近いことから、最高ランクの販売方法と商品だといえます。

　ただし、注目をすべきところはこれだけではありません。

　これほどの商品が、シューズ＆バック部門では133位でしかないのです。

　シューズ＆バック部門で133位ということは、1日およそ20から30個が販売されているはずです。ここでは、平均して25個売れているとして考えます。

　すると、1日25個の販売が30日で、1カ月750個販売され、月の利益は下のようになります。

---

25個(販売数／日)×30日＝750個
1,423円(単価利益)×750個＝1,067,250円

---

　このランキングで、これだけの利益額であれば、私たちの場合この商品の10分の1のシェアを奪えればよいと考えるべきです。この商品は月間750個販売していると考えられるので、この商品の10分の1を販売すると考えると、月間75個で事足ります。すると、1日わずか2.5個販売

すればよいことになります。わずか 2.5 個販売すれば、毎月 100,000 円の利益を手に入れられることになります。

　例えば、このような商品が見つかった場合、どのようにしてその 10 分の 1 のシェアを手に入れるかを考えてみましょう。

　1 つは、この商品をそっくりそのまま真似る方法があります。

　しかし、私の場合は少し見方を変えます。

　このような商品が売れているのであれば、同じような商品で、デザインが違うものでも需要があるのではないかと考えます。

　それは見た目が網目模様のものでもよいですし、素材が異なるものでもよいでしょう。それだけでフックとなり需要を掴むことができます。

　しかも、差別化ができてプライベートブランドとして販売することもできます。

　ここで言えるのは、売れている商品を見つけることができたら、必ずしも全く同じ商品で勝負する必要性はないと言うことです。正面から潰し合うのではなくて、その勢いを利用することを考えましょう。

　ただし、その商品のどこが受け入れられているかを把握し、同様の機能は外さない必要があります。

　機能が劣ると同様の商品とは言えず、需要を奪うことはできません。

# ③ どうやって商品を見つけるのか？

先程の「商品実例」で、Amazon の中で有望な商品さを見つけ、その商品に類似した商品を「作り出す」ことで十分に利益となることがわかったはずです。

そこで問題は、「どうやって有望な商品を見つけていくか？」です。

それが下の３つのプロセスになります。

```
①商品の選定（リサーチ）
↓
②商品ページの制作（プロモーション）
↓
③販売
```

この中で、「②商品ページの作成」と「③販売」は、どんな商品であっても、同じことをすることになります。つまり、商品ページの制作と販売に関するノウハウを知っているという前提に立てば、この２つは半自動的におこなわれるので、これらが売り上げに影響を与える要素は限りなく少ないと言えます。

ということは、販売したい商品の売り上げを決めるのは、その商品以外にはありえなくなります。そこで重要になるのが商品の選定です。

では、なぜ『寺田式ビジネススクール』のノウハウを学んだ人たちは、少なくとも月10万円以上の利益を上げられる商品を見つけられるのでしょうか？

そして、なぜ『寺田式』のノウハウを学んだ人たちのプライベートブ

ランドのページから、お客さんは、どんどん購入をしてくれるのでしょうか？

さらには、なぜ大量な販売が可能なのでしょうか？

## ▶ 商品の選定（リサーチ）

なぜ、利益で十万円以上取れる商品を見つけることができるのか？
ここでは、実例を挙げてご紹介をしていきましょう。

### ■ 斉藤さん 50 代男性（会社員）

斉藤さんは、副業として１つの商品で月に 340,000 円を売り上げ、利益を 100,000 円を出しています。中国輸入を利用しての Amazon 販売の場合、最低でも利益率３割を確保できるので、利益額が 100,000 円の商品というのは、斉藤さんのように月の売り上げが 340,000 円程あると考えてください。

ではどのように商品をピックアップするのでしょう。その最初のキーワードは、「自分の知らなかった商品を知る」ということです。
「自分の知らなかった商品を知る」とってどういう意味？　そう思う人も多いでしょう。それは、名前を聞けばわかるけれども、今まで関心がなかった商品の中から、可能性のある商品を見つけることです。すなわり、商品のリサーチにほかなりません。

そのリサーチには必勝パターンが２つ存在します。それは "ライバルから探す" ことと、"ランキングから探す" ということです。

## ▶ ライバルから探す

まずライバルを探す。これは、今現在中国輸入をやっているセラーの

商品の中から見つけることです。

それは次のような5つのステップとなります。

---

ライバルから探す5つのステップ
①ライバルを見つける
②ライバルの扱っている商品をピックアップする
③ピックアップした商品の相場を見る
④仕入れ相場を見る
⑤在庫追跡する

---

①ライバルを見つける　あなたが今から行うAmazonでの中国輸入販売を、すでに行っているセラーを見つけるということです。

②ライバルの扱っている商品をピックアップする　セラーがどんな商品を扱っているのか？　その商品を調べて、抜き出します。

③ピックアップした商品の相場を見る　ライバルの扱っている商品のAmazonでの相場を研究します。

④仕入れ相場を見る　ピックアップした商品が、実際に中国でいくらで、何個から販売されているかを調べ、利益などの予想を立てます。

⑤在庫追跡する　ライバルが扱っている商品がAmazonで何個売れているのか？　月にどの程度の利益が出ているのか？　具体的な数字を調べます。

この5つのステップは、プライベートブランドを販売するにあたって最も重要で、欠かすことはできません。

①から④まではやっているセラーがいますが、⑤の在庫追跡に関しては、ほとんどのセラーがやっていません。中国輸入のAmazon販売で失敗するセラーは、この在庫追跡を行っていないから失敗していると言えます。

在庫追跡をしていないセラーのほとんどが、データを重視せず、「この
くらい売れているであろう」と勘で計画を立ててしまい、ニッチすぎる、
つまり消費者からの需要の薄い商品を販売してしまいます。結局は売れ
残り、在庫を抱えてしまう羽目になるのです。

## ▶ ランキングから探す

もう一つの必勝パターンはランキングから探す方法です。Amazon の
売り上げランキングから商品を探すだけ。とてもやりやすい方法で今で
はこのこちらが主流となっています。

これには、4つのステップがあります。

```
ランキングから探す4つのステップ
①ランキングから商品をピックアップする
↓
②ピックアップした商品の相場を見る
↓
③ピックアップした商品の仕入れ先を見つける
↓
④在庫追跡をする
```

ランキングから探すための4つのステップは、先程紹介したライバル
から探す5つのステップとほとんど同じような内容です。

違うのは、①ランキングから商品をピックアップするというところで
す。ライバルから探す5つのステップ、そしてランキングから探すため
の4つのステップ。それぞれの違いを含めて、4つのステップについて
説明していきましょう。

# リサーチのための5つのステップ

## ■ ①ライバルを見つける

"ライバルから見つける"ということは、中国輸入をしているライバルの中で、商品を、自分のプライベートブランドとして Amazon で販売しているセラーを見つけ、そのセラーの取り扱っている商品を探し出しましょうということです。

### ブランド名を入れる

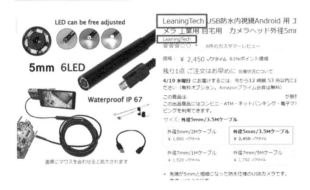

例えば、上のような商品の販売ページがあります。

ここからどこを見て、プライベートブランドを販売しているセラーであるかどうかを判断するのでしょうか？　それは、枠で囲んだ部分（商品説明横）を見ればわかります。ページのトップは、ブランド名＋商品説明になっています。枠内はブランド名が記載されてます、また、トップの下にもブランド名が記載されているのがわかります。

このようなページの場合、プライベートブランド商品である可能性が

高いと考えられます。しかし、このブランドは、あなたが知らないだけ
で、本当は有名なブランドの可能性もあります。確認のためにこのブラ
ンド名を Google で一度検索してみましょう。検索してヒットしなけれ
ば、プライベートブランドであると考えてよいでしょう。

　次に見るべきところは、何人がこの商品を販売しているかです。

　もし、1人のセラーしか販売していない場合には、このセラーはこの
ブランドを独占販売しているセラーであることがわかります。

　この段階では、今表示されている商品が売れているかどうかは気にす
ることではなく、このセラーが、他にどのような商品を販売しているの
かを調べましょう。

### ■■ ②ライバルの扱っている商品をピックアップする

　Amazon のサイトでは、他の転売ヤーが扱っている他の商品を、簡単
に閲覧することができます。

### ブランド名をクリックする

　先程の商品紹介ページの、タイトルの下にあるブランド名をクリック
します。すると、下の画面のような、その転売ヤーが取り扱っている商
品一覧が表示されます。

## 取り扱い商品一覧のページへ

　この商品紹介ページには、もう一つ Amazon ならではの、商品販売に利用できる重要な手がかりが隠されています。それは、商品の並び方です。ページの上から下へ、左から右へと、商品が売れる順番に並べられています。

　商品紹介ページが複数にまたがる場合、1 ページ目左上に最も売れている商品が配置されるのは同じです。以降のページに進むにしたがって商品の売れ行きが下がっていきます。

　つまり、商品紹介の 1 ページ目の最上段左上に、最も売れている商品が掲載され、順次売り上げが低くなっていくのです。私たちが見るべきものは、商品紹介ページの 1 ページ目、最上段の商品を見ていけばよいことになります。

## ▶ 輸入の三定義

　商品紹介ページの最上段にある商品に興味を持ち、輸入する場合考慮しなければいけないのが、輸入に関する輸入の懸案事項、私は「輸入の三定義」と呼んでいます。

　中国から輸入するということは、商品を移動させる必要があります。その手段は、飛行機、もしくは船になります。そのためには、次のような 3 つのポイントを考慮しなければなりません。

輸入の三定義
①軽い
②壊れにくい
③小さい

①「軽い」とは、1キロ未満であること。

②「壊れにくい」とは、中国からの輸入商品は当然段ボールで梱包されて発送されますが、輸送の際、投げられてカーゴに入れられるなど雑な扱いになると考えておいた方が良いでしょう。

仮に、段ボールのサイズが140〜160cm四方にもある大型の荷だったにしても、まるで砲丸投げのようにその荷は投げられます。残念ながら、これが中国からの輸入の現状です。

そうなると商品にヒビが入ったり、壊れたりすること織り込み済みでなければなりません。そう考えると陶器や、ガラス製品のように壊れやすいものは、扱わない方が賢明になります。

③「小さい」とは、輸入する際、140cm四方の段ボール箱に収まることを意識しましょう。

ただ小さすぎてもよいわけではありません。あくまでも需要ありきになります。

この「輸入の三定義」に当てはまるように、ライバルの商品を見定めるようにしてください。

## 商品の選定は慎重に

　輸入の三定義を考えると、ライバルとなるセラーの商品紹介ページに表示された8商品のうち、マグカップは陶器のため、扱うには適さないと判断できます。付け加えるならマグカップは食品衛生法の届け出が、輸入の時に必要となります。

　ウォッチコレクションケースも表示されているのがわかりますが、ページにアップされた写真から判断すると、この商品は天板に透明なアクリル板が使用されているようです。アクリル板は、輸入時に壊れやすいので、扱うのを避けたほうがよいと思われます。
　このように、商品紹介ページの中から輸入の三定義に照らし合わせて、輸入に適さないであろうと思われる商品を除外し、リサーチする商品を絞り込みます。

### ■■■ ピックアップした商品の相場を見る

　リサーチする商品に目星をつけたら、Amazon の検索機能で、商品の順位で売れ行きを調べます。
　商品紹介ページにある商品の中から、最も利幅が高いと思われる"スマホカラオケマイク"を例にしてリサーチをしてみます。

　リサーチする際に留意するのは以下の3つです。

①目的の商品がAmazonのカテゴリー別ランキングで、何位になっているのか。

②目的の商品と同じカテゴリーにおいて、どの商品が上位になっているのか。

③目的の商品と同じカテゴリーの上位の商品とは、値段、機能など何が違うのか。

そしてこの結果から、以下のように判断します

❶どんな商品が売れるのか。

❷いくらなら売れるのか。

　見当をつけると、まずは Amazon で、目的の商品の個別ページを表示します。

## 商品に目星をつける

　PC では、Amazon のロゴのあるヘッダー部分、グランドメニューの下にあるサブメニューの部分に"Amazonランキング"というメニューボタンをクリックします。

　スマートフォンを使うと、メニューバーから、メニューバー＞すべてを見る＞ Amazon ランキングを選択します。

　すると、カテゴリーのランキングが、上位から順番に表示されます。

　Amazon ランキングを調べることで、目的の商品の順位や、カテゴリー

のランキングにおける上位商品の、機能や、価格、さらには目的の商品との違いなどを、簡単に調べることが可能です。

## ■■■ 仕入れ相場を調べる

Amazon で可能性のある商品の目星をつけたら、今度はアリババにアクセスし、検索窓に先程商品と同様の商品がいくら位で、どのような条件で販売されているのかを調べます。

### 商品の価格を調べる

「カラオケマイク」を調べたいので、「カラオケマイク」で検索を実行します。すると、カラオケマイクがおよそ 36 元で販売されていることがわかりました。ここから 1 元を 25 円で計算し、Amazon などの手数料を抜くと、マイク 1 本あたり 1,323 円の利益で、利益率 47% だということがわかりました。

## 売上予測とコストの比較

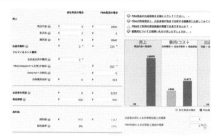

　マイク1本販売すれば、1,000円以上の利益が見込め、しかも利益率は47%と、およそ50%に近いことから、商品的にはとても良い商品であると予想できます。しかも、輸出の三原則にも当てはまります。しかし、だからといってすぐに輸入定義を決めてはいけません。この段階では、まだ輸入販売をする候補の一つに過ぎないのです。

### ■ 在庫を追跡する

　輸入販売をする商品が見つかったら、在庫追跡をして、候補の商品を輸入した場合に、売れる可能性があるかを探ります。在庫追跡を簡単にする方法は、ライバルの商品を自分のカートに入れることです。実はこれだけでOKなのです。

## 売れ行きを調べる

商品をカートに入れると商品のページが表示されます。この商品の
ページで、「数量」をクリックし999にまで変更します。商品の在庫数が
999に届かなかった場合、アマゾンは現在ある商品の在庫数を示しくれ
るのです

## 売れ行きを予想する

　カラオケマイクの在庫は45個でした。

　これが、目星をつけた当日の在庫数です。これと同じ手順でリサーチ
を、翌日も、翌々日も続けます。すると、在庫数の日々が変動が分かり
ます。

　仮に、このカラオケマイクの在庫数が、翌日35点になっていたとしま
しょう。その場合、1日あたり10個販売されたということがわかります。
このカラオケマイクのおおよその利益は、先程の"仕入れ相場を見る"
で調べたところ、1,323円でした。ということは、1個1,323円のカラオ
ケマイクを、一月に300個販売したことになりますから、合計の利益は
396,900円になります。

> 月額利益
> 300個×1,323日(1個あたりの利益)=396,900円

## 10万も売り上げるために

仮に、1カ月の利益目標を10万円超にしているのであれば、およそ1カ月に90個販売する必要があります。1カ月90個を販売するわけですから、1日平均だとわずか3個となります。

1日3個であれば、問題なく売れることが理解いただけると思います。

ライバルのセラーの販売ページから、1カ月に10万円以上の利益を出す商品を見つけていくことがポイントになります。

最後にリサーチにおける重要なポイントを、おさらいしておきましょう。

---

リサーチでの重要なポイント

○データに基づいたリサーチを行う（ライバル数・販売価格・仕入れ数等）

○ライバルを分析する（販売個数・レビュー数・ランキング・過去のランキングにおける相場・ページのクオリティー・ライバルの弱点・商品に対するお客さんの要望や不満等）

---

データに基づいたリサーチは、感覚でなく、データに基づいた分析、判断することを心がけましょう。特に、過去に「せどり」などの経験がある人は、中国からの輸入販売に関しても、今までの経験や勘を頼りにしがちになる傾向があります。しかし、ODMやOEMによるビジネスと

せどりは異なります。似てるからといって根拠のない経験や勘に頼らず、必ずデータに基づいた判断を経て、販売する商品を決めることが大切です。

　次に、ライバルとなるセラーに関する分析をしてください。

　ライバルに関する分析は、販売個数、その商品のレビュー数、ランキングにおけるその商品の順位、過去のランキングにおける商品の相場、それからライバルの商品ページのクオリティー、商品の弱点や商品に対するお客様からの要望や、不満などもしっかりと調査しておきます。

　ライバルと比べて、中国輸入販売に関しては、あなたはいわば後出しジャンケンのようなものなのです。誰が少しでも早く商品を販売できるかではなく、誰がよりクオリティーの高い商品を、確実に需要のあるマーケットに届けられるかの勝負なのです。

　なぜなら、同じような商品はいつでも購入することができ、しかも、商品は常にクオリティーの高いものへと変化し続けているからです。ですから、より慎重に分析して、より需要の高い商品を作り出したものが勝つのです。

# ⑤ 商品ページの作成

ここでは、売れる商品ページを作ることを考えていきましょう。

商品ページを考えていく上では以下のような疑問を持ち、その答えを導くことを成功につながります。

> ・なぜ、自分のところから購入してくれるのか？
> ・どのような販売ページにすれば商品が売れるのか？

そこで、実際の商品ページをサンプルに、売れる商品ページのポイントを解説していきます。

以下に示したのは、超音波式害虫駆除機を扱うセラーのプライベートブランドの商品ページです。

## 売れるページを作る

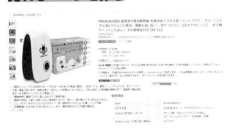

この商品は、電源を入れると、超音波を発生し蚊などの害虫を寄せ付けない機能を持った商品です。

価格は2980円です。レビュー数が123件あり。DIY工具のカテゴリー

で23位となっています。この商品はとても利益率の高い商品で、リサーチしたところ販売数も非常に多いことがわかりました。

　アリババで検索してみると、同様の商品が1個あたり350円で販売されていることがわかりました。この商品はハチのマークなどを入れたプライベートブランド商品で、1ヵ月の売り上げが300万円から400万円という驚異的な売り上げとなっています。これは、商品自体も優れているのも理由なのですが、この商品を紹介する商品ページも優れていることも大きいと考えられます。

　この商品ページの作り方がうまいところは、画面左端の選択できる説明画像の選択が購入しようとしている人にわかりやすくなっていることです。機能や特徴などがすぐにわかるようになっています。

　また、商品の説明文にも機能や大きさ、使用範囲などが細かく説明されています。

## キメ細いページ作り

　商品ページを作るときには、必ず押さえておかなければいけないポイントが2つあります。

押えるべき2つのポイント
- 画像情報を最大限に利用する
- 画像の構成

### ■ 画像情報を最大限に利用する

Amazonでは、画像情報7枚まで掲載することができます。

商品ページを作るときは、写真は制限いっぱいの7枚を掲載するべきです。ネットで買おうとする人は、まずは画像を見て、その商品が目的と合致しているかどうかを確認するからです。

その判断は一瞬です。ひと目で判断して、気に入らなければ、次に行きます。つまり、第一印象に合格した商品だけが、商品説明を読んでもらえるのです。

購入希望者の第一印象をよくするため、7枚掲載できるの画像を最大限利用してアピールをしなくてはなりません。

では、どのような画像を選べばよいのでしょう？ 単に商品の前や、横、後ろからの写真では魅力は伝わり切りませんから意味がありません。機能や特徴をひと目でわかるようにした画像が必要なのです。

### ■ 画像の構成

アップする写真を決めたら、その順番にも気を配りましょう。サイトを訪れた人は、その商品自体を知らない場合が多いので、その商品を購入して失敗をした、つまり思ったものと違うものを恐れています。

## メリハリのある画面に

そんな購入者としての不安をなくすために、この商品では、2枚目の

画像に"売上 No1"を示す画像を入れています。「みんな買っている」という安心感を持つことで、購入失敗の不安を解消できるのです。

# 6 ランキングからのリサーチ

ランキングからのリサーチは、私が大変お勧めする方法です。

## ランキングに注目する

　これは、Amazon のメンズコンプレッショントップスの検索ページです。このメンズコンプレッショントップスを、Amazon ランキングで調べます。すると、カテゴリにおいて、すべてのカテゴリ＞服＆ファッション小物＞スポーツウェア＞コンプレッションウェア＞コンプレッショントップスの順番で検索をすると、結果が表示されます。

　カテゴリ順位が100位で、同様の商品の価格帯は1000円から2500円程度となっていました。このことから、商品は1800円程度で販売できると予想したとします。また、コンプレッションウェアは、加圧ウェアと呼ばれていることもわかりました。

　アリババで検索すると、コンプレッションウェアでは検査結果が出ませんでしたが、加圧ウェアに変えると同様のウェアが表示されました。この商品の仕入れは、5着以上の一括購入が条件で単価29元、100着以上で単価26.9元で購入できることがわかりました。

## 価格帯に注目する

　Amazon のランキングでは、服＆ファッション小物のカテゴリーで順位が 100 位だったことから、およそ 1 日 50 着程度を売り上げていると考えられます。100 着以上は容易に売れることが見込まれるので、仕入れ数を 100 着以上として 26.9 元で仕入れたと仮定します。

---

コンプレッションウェア（加圧ウェア）の仕入
26.9元×25円＝673円

---

　販売価格が 1,800 円であったときには、681 円の利益で、利益率 34%となります。販売単価が 1800 円と安く設定しているため、1 着あたりの利益は 681 円と 1000 円を切っていますが、この商品は 1 日あたり 50 着程度販売できるので、1 カ月では、1500 着の販売が見込まれます。

---

月間利益
681円×1,500着＝1,021,500円

---

　この商品だけで月に 100 万円以上の利益を上げられることになるのます。では、私たちがこの商品の類似商品を取り扱う場合には、この商品の 10 分の 1 の売り上げで良いと仮定します。
　すると、1 日 5 着を売上れば良く、1 カ月では 150 着販売すれば事足り

る計算になります。

---

予想売上利益
681円×150着＝102,150円（利益／月）

---

　1日5着の売り上げというと大変なように思えますが、このカテゴリはマーケットが大きいため、きちんと販売すれば十分に売り上げることが可能な数字です。つまり、1カ月に十万円の利益上げを上げることは難しいことではありません。それどころか、これだけ大きなマーケットがあると、1カ月に三十万円以上の利益を上げることも可能です。
　このように、大きなマーケットがある商品を狙うことは、大きな可能性を秘めていることになります。

# ⑦ 仕入先のリサーチ

　仕入先のリサーチでは、アリババ (1688.com) の見方や、仕入先の選定方法に関する抑えるべき 4 つのポイントをお話します。

## ▶ アリババの見方

　中国輸入を行う上で、アリババ (1688.com) というサイトを欠かすことができません。なぜならアリババには、ODM に適した商品や、その仕入先、そして OEM が可能な仕入先が集まってきているからです。そこで、まずはアリババに関して学んでいきましょう。

　アリババは、BtoB( 企業間取引 )、BtoC( 企業と消費者の取引 )、CtoC( 消費者間の取引 ) のオンライン取引プラットフォーム、決済サービス、クラウドコンピューティングなどのサービスを提供している企業です。

　このアリババを代表するサービスは 5 つあります。

```
alibaba.com
1688.com
TMALL.com
AliExpress
Taobao.com
```

　それぞれの特徴は以下のようになります。

　alibaba.com は、サプライヤー（仕入先、供給元、納品業者など）とバイヤー（買い手）を結ぶ、ワールドワイドなマッチングサイトです。

　alibaba.com では、サプライヤーが商品や情報などを掲載していて、バ

イヤーがこのサイトを通じて商品を購入し、配送してもらうというサービスが提供されています。

1688.com は、中国国内専用のサプライヤーとバイヤーをつなぐマッチングサイトです。

TMALL.com は、中国国内でメーカーと消費者を結ぶ EC サイトです。ここでは楽天のように商品が掲示され、これを消費者が購入できる仕組みとなっています。

AliExpress は、中国国外向けのメーカーと消費者を結ぶ EC サイトです。ここで購入すれば、日本まで商品を届けてもらえますが、消費者向けのため価格が高い傾向にあります。

Taobao.com は、会員数が 2 億 1000 万人の会員をもつ、販売業者と消費者を結ぶ EC サイトです。

イメージとしては、巨大な Yahoo オークションのようなサイトです。

中国輸入販売では、1688.com と Taobao.com を利用することになりますが、特に ODM ／ OEM を活用したければ、1688.com を通じて仕入れればよいでしょう。

1688.com を利用すると、3 つのメリットがあります。

1688.com利用する3つのメリット

・仕入れが安い

・大量ロット仕入れもできる

・Taobao.comにない商品が多い

そもそも 1688.com は、サプライヤーとバイヤーを結ぶマッチングサイトなので、業者同士の卸売のために価格が抑えられています。そのため大量ロットでの購入ができるのです。Taobao.com にない商品が多いのですが、これは、Taobao.com と商品があまりかぶらないことが、利用者にとっては大きな魅力になります。

1688.com にアクセスする場合、そのままは、「1688.com」と打ち込みます。通常は、アリババという企業のサイトなので、「アリババ」と打ち込みたいところですが、1688.com を検索しようとして「アリババ」と打ち込んでしまいますと、alibaba.com に飛んでしまいます。ですので「1688.com」と打ち込むのが簡単です。

1688.com の Top ページは下のようになります。

## 1688 へアクセス

Top ページの使い方は、Amazon などと似ていますので、ほぼ感覚的に利用できると思います。ここではご自分の探したい商品を、ヘッダーの中央にある検索窓に入力して、検索をかけることで商品にたどり着くという方法を利用します。

例えばここで "折り畳み傘" で検索をかけてみましょう。

## 検索と絞り込み

　検索をかけると、商品が表示される前に、詳細検索として、もう少し細かくブランドで絞る、商品のタイプで絞るとか、売れている商品順などで検索できる機能があります。

　これは、左から「総合順」、「販売実績順」、「価格順」となっています。

　例えばこの検索の使い方としては、同じ商品を仕入れる場合に、商品の販売実績が多いほうが信用度が高いと思います。そんなときに、この機能を利用したり、仕入れ単価を絞り込むときに利用できます。

## 価格を絞り込む

　つぎに商品ページにリンクで飛ぶ前の商品を見てみましょう。

　最初に注目するのは、販売価格です。

　この価格は、この商品の最大のロット数を発注したときの、最も低い仕入れ価格が表示されています。

　仕入れ価格の右横が、販売実績です。

　この数字は、直近30日間の総売上が表示されています。

　その下が商品タイトル、販売会社名、運営歴が表示されています。

　その下の「回头率」が、商品のリピート率。この右には運営方式。

　最下段に生産地域、保証内容、一番右にはチャットとのアイコンが並んでいます。

　ただ、この商品を私達が、直接アリババから買うのではなく、この商

品の URL を輸入代行業者さんに渡して商品を仕入れてもらいます。

　そこであなたは、この部分に書いてあるものがどんなものであるかを理解して、仕入れ業者さんを選択する参考にできれば良いでしょう。

　つぎに、希望の商品をクリックした後の商品ページについて見ていきましょう。

## 注目するべきポイント

　商品ページには、押さえておくべき4つのポイントがあります。

| 押さえておくべき4つのポイント |
| --- |
| ○商品価格(元) |
| ○店舗評価 |
| ○販売実績 |
| ○商品の画像 |

　アリババでも、アマゾンと同じように商品ページには何枚もの商品画像が掲載されています。

　この時に、気をつけて見るべきポイントは、商品画像の全てが同じ商品であるかどうか確かめることです。

　日本人の感覚では、あまりありませんが、アリババの場合には商品画

像のそれぞれが違う商品だったり、1つの画像にはロゴが入っていないのに、他の画像にはロゴが入っている。あるいは、商品画像によって商品の仕様が違うなどのことが稀にあります。

　ここでは、商品画像のそれぞれが同じ商品かどうかをチェックすることが大切になります。

## 同じ商品かどうかをチェック

　また、画像をチェックして同じであっても、スクロールを下にしていくと、商品の細かな仕様を伝える画像が入っています。

　この画像や仕様そのもの、あるいは重さや大きさなど、これらも異なっていないかなども必ずチェックをしてください。

　最近では、商品を紹介する動画などが掲載されている場合があります。

　動画がある場合には、この動画もチェックしてください。

### ■■■ 商品価格 ( 元 )

　アリババでは、商品の発注数に応じて商品の単価が異なっていることがあります。

　これはロット数と言いますが、このロット数は、同じ商品を販売している店舗でも店舗ごとに異なっています。

　商品の発注数が多くなれば1個あたりの単価は低くなります。しかし、それだけの数が販売できるのか？　あるいは、それだけの資金力があるのか？なども考慮しながら販売数を決める必要があります。

　そこで、「必ずしも商品単価を安く抑えなければならない」という発想はしないように気をつけましょう。

# ▶ ロット数と単価

ここで大切なのはロット数と単価の適切なバランスとなります。

## ■ 店舗評価

店舗評価はショップランキングと呼ばれることもあります。

アリババでは、同じ商品であっても、それぞれ違う企業や個人等が出店者として販売しているので、同じ商品であっても出店者ごとに、信用店が異なると考えましょう。

アリババにおける店舗評価は、この部分を見るとわかります。

### 店舗の評価

アリババの場合は、わかりやすく次の表のような、アイコン数でその店舗の評価を表しています。

評価数が少ない順に、勲章(バッジ)、ダイヤモンド、王冠の順となり、その数も１～５までとなっています。

最も低いのは勲章（バッジ）１つで、最も高いのが王冠５つとなります。

店舗評価については人それぞれですし、諸説ありますが、私の場合はダイヤモンドランク以上と言うのを基準に発注をかける店舗を選んでい

ます。

> ダイヤモンドランク以上

　必ずしも勲章の店舗が悪いとは言い切れませんが、やはりそれまでの取引量は参考にするべきポイントです。

## 店舗のランキング

**店舗ランク表**

## ■ 販売実績

　商品ページに中程に「成交」と書かれた部分があります、ここをクリックすると上のような表を見ることができます。

　「成交」と書かれた部分の数は、直近の取引数になります。

　その左下に書かれている％は、リピート率となります。

　このリピート率は、一度購入したバイヤーが、二度、三度購入した数なので、この％が大きければ大きいほど商品が良いものだと言う可能性が高くなります。

　私の場合は、このリピート率が15％以上を基準にしています。

　必ずしも良い商品だとは言い切れませんが、過去の商品取引の経験からこの15％を基準に仕入先の選択をしています。

> リピート率が15%以上を基準

　ここで気をつけなければいけないことは、アリババは日本人に対して

取引をしているのではなく、あくまでも中国国内の取引を行う場所であるということ。そして、中国の商品は日本の商品と同等の品質であるという考えは捨てなければなりません。

　成交の右のボタンをクリックすると、この商品の購入者のレビューを見ることができます。

　これを一つ一つ Google 翻訳で日本語に直していくのも大変だと思います。そこでお勧めするのは、インターネットブラウザを GoogleChrome を使うことです。

　GoogleChrome なら、ページのどこかにカーソルを置き、右クリックするとページのすべてを日本語に翻訳してくれるボタンが見つかります。

　翻訳は完璧だとは言い難いですが、十分に意味は理解できます。

### ■■ 補足解説
　ほかに覚えておいていただいた方が良い部分としては、在庫数が表示されていますが、この在庫数に関しては全くあてにできないと考えていただいた方が良いです。

　在庫数に関しては、発注を行う際に代行業者さんに調べてもらいましょう。

### 発注数の確認

このほか参考にすべきところは、商品バリエーションのカラーや、「尺寸」というところに記載されている、大きさです。

その他の中国国内の送料や、即購入できるボタン、保険の種類や支払い方法なども、私達は輸入代行業者さんを通じて購入するので、気にする必要はありません。

## 輸入代行業社の活用

中には、商品ページの店舗紹介の部分が、このようにオレンジ色の枠で囲まれている店舗の場合があります。

この表記は、一定の基準を満たした優良店舗にのみ与えられる表記なので、この表記がされている店舗の場合には、安心して取引ができる可能性が高くなります。

アルバムの取引で気をつける部分として、最後にご紹介するのは、見た目に騙されないということです。

アリババの画面上ではよく見えていた商品でも、届いてみると、想像とは全く違っていた商品である場合も多いものです。

そこで、本発注の前に、必ずサンプル発注を行い、実際の商品を取り寄せてみて商品の良し悪し、発注するか否かを決めてください。

# 3章

# 仕入れ時に
# するべきこと
# 輸入に初心者がハマる
# 落とし穴とは

 # 輸入禁止商品規制商品に注意しよう

中国輸入には、規制や禁止の対象になる商品があります。

万が一、このような商品を輸入してしまうと、せっかく購入についやした資金がすべて水の泡となってしまったり、さらには刑事罰を課せられる可能性もありますので、しっかりとここでご説明する規制や禁止商品を頭に入れておいてください。

中国輸入はおろか、そもそも Amazon で販売してはいけない商品があります。それはおよそ次のようなものです。

## ▶ Amazonでの販売禁止の商品

---

非合法の製品および非合法の可能性がある製品

リコール対象商品

不快感を与える資料

ヌード

「アダルト」商品

アダルトメディア商品

18才未満の自動の画像を含むメディア商品

Amazon.co.jp限定TVゲーム・PCソフト商品

同人PCソフト

同人CD

一部ストリーミングメディアプレーヤー

AmazonKindle商品

プロモーション用の媒体

---

一部食品

輸入食品及び飲料

ペット

動物用医薬品

Amazonが販売を許可していないサプリメント・化粧品・成分例品

医療機器、医薬品、化粧品の小分け商品

海外製医療器具・医薬品

海外直送によるヘルス&ビューティー商材

ペダル付き電動自転車

ピッキングツール

盗品

クレジットカード現金化

広告

無許可・非合法の野生生物である商品

銃器、弾薬及び兵器

不快感を与える商品

制裁対象国、団体並びに個人

　Amazonの場合、これらの販売禁止商品は、常に一定のものということではなく、通達なく突然変わる場合がありますのでいつも禁止商品を理解しておく必要があります。

- 関税法という法律で禁止されているものがあります。
- 関税法により輸入が禁止されている商品
- 麻薬、向精神薬、大麻、アヘン、けしがら、覚せい剤、アヘン吸煙具( ハーブやアロマ、バスソルトなどもこれに該当する場合あり)
- 指定薬物(医療等の用途に供するために輸入するものを除く)
- 拳銃、小銃、機関銃、砲、これらの銃砲弾及び拳銃部品(モデルガン、

プラスチックの刀などでも、武器とみなされる銃刀法違反の可能性あり）

- 爆発物
- 火薬類
- 化学兵器の禁止及び特定物質の規制等に関する法律第2条第3項に規定する特定物質
- 感染症の予防及び感染症の患者に対する医療に関する法律第6条第2項に規定する一種病原体等及び同条第21項に規定する二種病原体等
- 貨幣、紙幣、銀行券、印紙、郵便切手又は有価証券の偽造品、変造品、模造品及び偽造カード（生カードを含む）
- 公安又は風俗を害すべき書籍、図画、彫刻物その他の物品
- 児童ポルノ
- 特許権、実用新案権、意匠権、商標権、著作権、著作隣接権、回路配置利用権又は育成者権を侵害する物品
- 不正競争防止法第2条第1項第1号から第3号まで又は第10号から第12号までに掲げる行為を組成する物品
- などがあります。

また、これら以外にも

医薬品、医療機器等の品質、有効性及び安全性の確保等に関する法律、植物防疫法、家畜伝染病予防法などにおいても輸入が禁止されているものがあります。

また、違法ではないと称して販売されているハーブやアロマオイル、バスソルトなどの商品の中には、「麻薬」や「指定薬物」にあたり、輸入が禁止されているものがありますので、ご注意ください。

詳しくは税関（http://www.customs.go.jp/mizugiwa/kinshi.htm）のページを一度ご覧いただければと思います。

---

- ワシントン条約で輸入が禁止されている商品もあります。
- 加工品・製品
- 毛皮・敷物：トラ、ヒョウ、ジャガー、チーター、ヴィクーニャ（ラクダ）
- 皮革製品（ハンドバッグ、ベルト、財布等）：アメリカワニ、シャムワニ、アフリカクチナガワニ、クロカイマン、インドニシキヘビ、オーストリッチ
- 象牙製品：インドゾウ、アフリカゾウ
- はく製・標本：オジロワシ、ハヤブサ、ウミガメ
- アクセサリー：トラ・ヒョウの爪、サイの角
- その他：漢方薬（虎骨、麝香、木香を含むもの）

---

これらの詳細は、税関のワシントン条約ページ（http://www.customs.go.jp/mizugiwa/washington/washington.htm）に記載されていますので押さえておいてください。

### ■■■ 輸入の数量と販売に規制があるもの

これは、輸入自体はできるのですが、その数量とか販売自体に規制があるものがあります。

この中には、中国輸入を行って利益が取れそうな商品もありますので注意しておきましょう。

---

- 医薬品及び医薬部外品
- 化粧品
- 医療用具

- 酒類
- 食器類(鍋などの調理器具も含む)
- 衛生用品関係

中国輸入の時に、「これは大丈夫なのかなと」思った場合は必ず税関に確認するようにしてください。

### ■■■ その他の注意すべきリスク

- PSEマーク
- Bluetoothなどの技適マーク
- ハイブランドの偽物

PSEマークとは、電気用品安全法に基づき、国の定める安全基準の検査に合格した電気製品に表示される。PSEマークのない電気製品は、販売が制限されます。

製造業者や輸入業者が電化製品の安全性を自主的に検査し、問題がなければ表示できるマークのことです。

これを簡単に言うと、コンセント付きの、ドライヤーや冷蔵庫などは、PSEマークを付けないと販売ができません。

そこで、コンセント付きの商品は販売を避けるほうが良いと思います。

## ▶ Bluetoothなどの技適マーク

Bluetoothなどの電波を発する製品を日本国内で利用するためには、技術基準適合証明を取得しなければいけません。

そして、技適マークはこの技術基準適合証明を受けた商品付けられるマークのことです。

## 技適マークを入れる

現在の技適マーク（Ｈ７．４～）　　旧タイプの技適マーク（Ｓ６２．１０～）

　このマークがなくても、販売には関係ありませんが、このマークがない商品を販売した場合、購入して使用したお客さんが処罰の対象となってしまいます。

　Bluetooth 機器の場合には、技適マークのほかに Bluetooth の認証も必要になります。

　このように電波法などに関連する商品の場合は、技適マークや Bluetooth 認証済の商品を輸入しなくてはなりません。

　そこで、中国輸入をする際には、代行業者さんにお願いして技適マーク等の取得をしているか確認をしてから輸入を行うようにしてください。


　このような商品の場合、日本向けに行われる海外業者さんの展示会などを利用する方法もあります。

　展示会などに参加する業者の商品は、技適マークなどを取得していることが前提となりますから、安心できる取引が可能です。


ハイブランドの偽物

　偽物は、輸入をした時点で犯罪法の違反となり、販売をしたら商標法の違反となります。

　日本の場合には、商品を没収されるだけでなく、10 年以下の懲役もしくは 1,000 万円以下の罰金が科される場合があります。


　これは、偽物だと知っていて輸入や販売をした場合には当然ですが、ブ

ランド品の偽物だと知らなかった場合にも同様の処罰を受ける可能性が
あります。

　なぜなら、偽物だと知らなかったことを証明する方法がないからです。

　偽物というのは、ロゴまで付いているそっくりな商品と言うものだけ
に限りません。

　仮にブランドロゴが付いていなくて、ブランドのものとそっくりなデ
ザインであった場合には、これも罰せられる対象となります。

## サンプル発注と本発注

中国輸入 OEM をする中で、必ず行わなければならないのが、サンプル発注です。

これには次のような、4つの理由あります。

---

理由1　OEMできるかがわからない

理由2　最低ロットがわからない

理由3　実際の原価がわからない

理由4　品質がわからない

---

サンプル発注は、OEM の肝ともいえます。

次に、OEM の流れの中で、どのタイミングでサンプル発注をするべきなのかを見てみましょう。

---

OEMの流れ

①売れる商品のリサーチ（Amazon）

②仕入先の選定（アリババ、工場）

③差別化の決定

④サンプル発注

⑤本発注

⑥商品ページの作成

⑦販売

---

サンプル発注の目的は、OEM の流れの中で、「③差別化の決定」の後、

「②仕入先の選定」で選定した工場に、はたして発注をかけてよいかの判断をするために行う確認作業です。

OEMの場合、実際の本発注は、最低発注ロットと呼ばれる、最低製造個数があることをお話させていただきました。

もし、このサンプル発注をせずに、本発注をかけて、万が一にでもすべての商品が不良品であったり、意図と違うものであった場合、すべての費用と労力、時間が無駄になってしまいます。

このようなことを極力避けるために、その工場の生産能力の最終判断の方法として、サンプル発注を必ずしてください。

特に中国と日本の商品に関する感覚が異なるので、重要となります。

裏を返せば、このサンプル発注さえ成功すれば、あとは、本生産の商品が届き次第、検品してAmazonに納品するだけなので、このサンプル発注のできがこのビジネスの肝にもなるのです。

## ■■■ サンプル発注の2つの方法

サンプル発注の方法には、次の2つの方法があります。
・中国人パートナーに依頼する
・代行業者にお願いする

もし、中国人パートナーがいれば、中国人パートナーに依頼して、中国国内の工場にサンプル生産をお願いすることができます。

しかし、ほとんどの方のように中国国内に、中国人パートナーがいない場合には、代行業者にお願いすれば、サンプルを生産してもらうことができます。

## ■■■ サンプル発注をしなければいけない4つの理由

理由1OEMできるかがわからない

　もともと販売している商品がどんなによくても、OEM でオリジナル商品を開発する場合には、その商品の改良などをすることになります。

　ところが、選択した工場がそもそも OEM を受け付けてくれるのか、あるいは、受け付けてくれたにしても、それだけの対応能力があるかわかりません。

　そこで、サンプルの生産を依頼して、初めて可能なのか判断ができるからです。

　理由 2 最低ロットがわからない

　アリババを使って仕入先の工場を選定して行きますが、アリババには、その工場の既存の商品を仕入れるときの最低ロットの条件は記載されていますが、OEM での最低ロットの記載はありません。

　ましてや、商品によっては、カラーやサイズごとに製造最低ロットがある場合もあれば、すべてのカラーやサイズの商品をまとめて、最低ロット数を超えればよいという工場も存在します。

　これらを正確に把握するためにも、サンプルの発注はかかせません。

　理由 3 実際の原価がわからない

　アリババには、商品の単価が記載されていますが、これを OEM で改良した場合、原価がいくらになるかわかりません。

　大抵の場合には、高くなると思われますが、中には安くなる場合もなります。

　原価がいくらになるかは重要ですから、必ず確かめておく必要があります。

　理由 4 品質がわからないから

　これがサンプル発注の最大の理由になります。

　アリババの写真で見る商品は、よく見えても発注してみたものの、実際に届いた商品は

・色が異なっている

・素材が悪い

・製造や縫製が雑

・安っぽいパッケージが凹んでいる

・パッケージに中国語でしか表記されていない

・匂いが気になる　など

　日本で販売するのには適さない商品の場合があります。

　これを判断するためには、やはりサンプル発注を行うしか方法があり
ません。

## ■■■ サンプル発注で注意しなければならない5つのポイント

　サンプル発注を行うときには、次の5つのポイントに注意して発注し
てください。

　サンプル発注で注意しなければならない5つのポイント

・5社程度のリストアップ

・OEMの可否の確認

・最低ロット数の確認

・原価の確認

・サンプル発注数の確認

　仮に1社だけに発注した場合、届いたサンプルの品質が価格に対して
妥当なものなのかという判断は難しくなります。

　ところが複数の工場から、同じものに対してサンプルが届けば、判断
は容易です。

　あるいは、1社に依頼して、届いたサンプルが気に入ればよいのです
が、そうでなかった場合には、新たに違う会社に発注しなければなりま
せん。

　こうなると、時間的に大きくロスをすることになりますから、必ず複
数、できれば5社程度には依頼をかけたいものです。

　また、販売を初めて、次にオーダーをかけようとした場合に、その会
社が必ずしも生産を続けてくれるかわかりません。

　このようなときのバックアップの意味でも、早めにサンプルを複数と
っておくことは大切です。

　これ以外にも、『サンプル発注をしなければ行けない4つの理由』のと
ころでお話をしました通り、そもそもOEMに対応してもらえるのかと
いう「OEMの可否」、OEMの場合の「最低ロット数の確認」や「原価
の確認」が必要になります。
　そして「サンプル発注数の確認」も大切になってきます。
　アリババに出品している会社には、最低ロット数が50個などと、かな
り多くの個数からしか販売しない会社も多くあります。
　このような場合、もし、サンプルとして50個も仕入れてしまい、それ
が販売できるものならばよいのですが、そうでない場合、すべてが廃棄
対象となってしまいます。
　そこで、パートナーや、代行業者さんを通じて「OEMを真剣に考え
ているので、単価が多少上がってもよいから、1個からサンプルを販売
してもらえないか」と交渉してもらいましょう。
　アリババでは、最低ロット数が50個と書いてあったとしても、それを
鵜呑みにするのではなく、交渉次第で1個からサンプルを販売してくれ
る場合もありますから、交渉してみることが肝心です。

## ■■■ サンプル発注の流れ

　サンプルの発注の流れは、次のようなものです。

仕入先と数量の確定

↓

中国人パートナーもしくは仕入れ代行業者に依頼

↓

自宅に配送

↓

外観や品質のチェック

　この他に、無駄なサンプル発注をなくすために、パートナーや、代行業者に依頼して、選定した会社の実際の商品の写真を撮ってもらい、送ってもらうという方法があります。

　日本と中国の感覚の違いは、日本人はアリババなどのサイトに商品写真として掲載されているものは、実際の商品と相違ないものと考えてしまいますが、中国では、掲載された商品と、実際の商品とは違うことがよくあります。

　そこで、無駄なお金などを省くために、こういった方法を事前にとることをお勧めします。

# ③ 仕入れをする上で押さえるべきポイント

　国内転売の場合は、仕入れた商品の価格に、一定の金額を上乗せして販売すれば、その上乗せした金額はすべて利益になっていました。

　ところが、中国輸入の場合は、輸入などに関する諸経費が必要となるため、国内転売のようにはいきません。

　多くの方は、Amazon で販売しているわけなので、次のような「FBA料金シミュレーター」というものを使っています。

## シミュレーターの活用

　「FBA 料金シミュレーター」とは、Amazon の手数料を正確に計算できるツールです。

　つまり、これを使うと Amazon の手数料を正確に計算できるということは、裏を返せば、これを利用しなければ、Amazon の手数料を正確に知ることができないことになり、このツールを使わないで Amazon でビジネスをしているのであれば、すでにその時点であなたのビジネスは破綻していることになります。

Amazon で販売をするのなら、この「FBA 料金シミュレーター」を必ず使っていただく必要があります。

## シミュレーターのトップ

「FBA 料金シミュレーター」には、入力する部分が
・納品等に必要な費用
・商品原価と 2 カ所あります。
　ここでは「納品等に必要な費用」に関しては入力をせずに、「商品原価」の部分の入力をしてください。
　この「商品原価」とは、仕入れるときの商品原価と考えがちです。
　しかし、私たちは中国 OEM/ODM 輸入をしているので、この場合の商品原価とは、商品の仕入れに必要な費用のほかに、輸入に関連する経費も入ることになります。
　この部分を、勘違いしないように気をつけてください。

## シミュレーターの注意点

| | 出品者出荷 | Amazonから出荷 |
|---|---|---|
| **売上** | | |
| 商品価格 | ¥ 0 | ¥ 9800 |
| 配送料 | ¥ 0 | ¥ 0 |
| 総売上 | ¥ 0 | ¥ 9800 |
| **Amazon出品サービスの手数料** | ¥ 0 | ¥ 1470 |
| **出荷費用** | | |
| 出品者出荷の費用 | ¥ 0 | - |
| フルフィルメント by Amazon の手数料 | - | ¥ 434 |
| Amazonへの納品 | - | ¥ 200 |
| 出荷費用合計 | ¥ 0 | ¥ 634 |
| **在庫保管手数料** | | |
| 商品あたりの月額保管手数料 | | ¥ 7 |
| 平均保管在庫数 | 1 | 1 |
| 販売された商品あたりの在庫保管手数料 | ¥ 0 | ¥ 7 |
| **出品者の利益** | ¥ 0 | ¥ 7689 |
| **商品原価** | ¥ 3000 | ¥ 3000 |
| **純利益** | | |
| 純利益 | ¥ -3000 | ¥ 4689 |
| 純利益率 | 0% | 48% |
| | | 計算 |

　上のように数字を入れてみると、実際の利益額や利益率を簡単にシミュレーションすることがきます。

　「FBA 料金シミュレーター」は、このように日本円をもとにした計算シミュレーションですが、中国輸入の場合、元を日本円に換算して計算しなければなりません。

　中国元のレートは、この原稿を書いている時点では、一元あたりおよそ17円ほどになります。

　ところが、この17円換算で、仕入れ原価に入力してしまうと輸入にかかる経費を省いた計算をしてしまうことになります。

---

1元＝25円計算
※国際レート1元＝17円代の場合

---

　そこで、私の経験上で見つけ出した換算レートの1元＝25円を使って

シミュレーションすることをお勧めします。

　このレートを使う上で注意しなければならないことは、国際レートにおおきな変動があれば、この金額を改正しなければなりません。

### ■■ 仕入れにかかる4大経費

　中国輸入の場合は、仕入れには次のような4大経費が主にかかってきます。

```
仕入れにかかる4大経費
国際送料
関税(税関手数料・中国輸出通関手数料・関税・消費税)
中国国内送料
代行業者手数料
```

　この4大経費の中で最も注目していただきたいのが、国際送料です。
　その他の経費は、品物によって、あるいは、仕入量によって変化しますが、それほど大きな違いはありません。
　また、関税は次の4つのものを省略して関税と呼んでいます。

```
関税と呼ばれる4つの費用
税関手数料
中国輸出通関手数料
関税
消費税
```

　これらの費用は、およそ次のようなものになっています。

```
税関手数料
一律200円/箱
```

中国輸出通関手数料

一律4元／箱（約80円）

関税

変動税率によって変わる

消費税

変動税率によって変わる

（商品代金＋国際送料＋関税からの掛け率）

### ■■■ 1元25円が適正かを毎回確かめよう

　国際レートが1元＝およそ17円の時、簡易的な利益計算を行う場合に用いる商品原価の換算レートを、輸入にかかる経費を上乗せして1元＝25円で計算することをお勧めしました。

　今まで説明したように、輸入に関わる経費は、明確な関税手数料や中国輸出通関手数料などを除き、品物の個数や、大きさ、どれだけのものを輸入するかなどによって、変動するものが多く、輸入する前にその金額を正確に導き出すのは至難の業です。

　しかし、だからといって、これらをあやふやにしているのでは、利益を追求することは難しくなりますから、必ず、1回の輸入が終わるごとに、仕入れの概算換算レート1元＝25円に収まっているかの検証を行う必要があります。

　そして、もし、25円位に収まっていないのであれば、それは、相場として高すぎると判断し、早急にどこかを改善していく必要があります。

　この検証を行う際の計算式が次のものです。

## ＜計算式＞

$$\frac{仕入合計 ( 円 ) ＋経費合計 ( 円 )}{仕入合計 ( 元 )}$$

　この計算は、1商品ごとではなく、1配送ごとに計算をして、検証しましょう。

　そしてもし、25円を超えている場合には、次の主な要因を疑ってみてください。

---

1元＝25円を超えている主な原因
- 1回の配送で送る量が少ない
- 商品が重い
- 商品の体積が大きい

---

　航空便の場合、箱の容積が大きいか、あるいは、重量が重いかの、料金が高い方を基準に費用が決められます。そこで、商品の重さや大きさには留意する必要があります。最も気をつけなければならないのは、大きくて重い商品ということになります。

　このような場合の改善策は次のとおりです。

---

改善策
- 1回の配送料を増やす
- 軽い商品を選ぶ
- 体積が小さい商品を選ぶ
- 船便を使う

etc.

---

　このお話の最後に、中国輸入には、どうしても国際輸送が関わってきてしまい、この国際輸送を行いながら利益を上げるには、商品を選ぶ際に次の三定義を意識した商品選択をしてください。

---

国際輸送における商品選択の三定義

- 軽い
- 壊れにくい
- 小さい

---

□資金力によって戦略は変わる

　最初に投資できる資金によって、資金力のない人にはデメリットだったものが、自分にしかできないメリットに変わったり、諦めていたことが実現できて、大きな利益に生まれ変わるなど、資金力によって戦略は変わってきます。

　例えば、先程お話をした「国際輸送における商品選択の三定義」も、資金力のある方にはとっては、リスクを承知してでも輸入する価値があると判断した場合には、他の資金力のないライバルが敬遠するものだけに、ライバルの少ない、リターンの大きなものとなる場合があります。

　あるいは、必ず売れるであろうと思われても、最低ロットがあまりにも多く、資金力のない人には到底輸入できない商品だった場合、これを輸入することで、大きな利益を上げられることが実際にあります。

　つまり、資金力があればあるだけ、戦略や戦術の幅が増えることから、資金力は身につけるべきです。

　しかし、多くの方が最初から潤沢な資金を用意できるわけではありません。

　そこで、OEM や ODM の最初の輸入に必要な最低限の金額をお出し

すると次のような金額となります。

初回の仕入れ代金
ODM：最低10万円
OEM：最低30万円
※商品によって変動あり

OEMする場合のオーダー方法 OEMを発注するときには、発注する商品の内容を、PowerPointやKeynoteなどでまとめて、OEM製造を行う会社の担当者に渡す必要があります。

制作仕様書
リュック　レディース

会社名　名前

そこで、ここでは仕様書のサンプルを用いてご説明しましょう。

ここで一例としますのは、女性用リュックの仕様書になりますが、実際の仕様書製作には、これを雛形として作られると良いでしょう。

仕様書に最低必要なのは、

表紙目次
全体概要
OEMの目的とアピールポイント
外装について
内装について

その他の変更点について

確認事項

の7項目です。

表紙の次ページには、次のような目次が入ります。

　一般的な商品は、これだけの項目があれば十分ですが、もし追記があれば、これ以外にも追記することをおすすめします。

## 全体概要

**(1)全体概要**

　OEM を行う場合、OEM で生産する商品のもととなる既存の商品があると思います。

　この商品を用意して、この既存の商品のどこをどのように改良してほしいのかという要望をできるだけ具体的に、かつわかりやすく示します。

　例えばこの時、生地のサンプルなどがある場合には、これらも載せるとよりわかりやすくなります。

　また、改良する部分の写真に、箇所ごとに A、B，C などの記号で分けると、その後の説明もしやすくなります。

## ■■■ OEMの目的とアピールポイント

**(2)OEMの目的とアピールポイント**

<OEMの目的>
既存の売れ筋商品の欠点（背紐の接地部分が切れやすい）を改善し丈夫にし、かつ、
13インチのPCとA4の書類が収納可能な通勤用・営業用バッグとしての用途を想定して
います。
<アピールポイント>
1： デザインがシンプル
2： A4の書類の収納が可能かつ、13インチのPCが収納できる
3： 背紐の接地部分が丈夫

　OEMの目的とは、なぜOEMをするのか、どのような商品とするのか
などの、既存の商品を改善する目的を明確に示す必要があります。

　そしてアピールポイントでは、改善した後にライバルの商品と比べて、
どのようなアピールポイントとなるべきかを明確にしてください。

## ■■■ 外装について

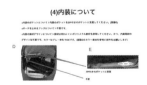

**(3)外装について**

　外装周りの使用を、写真と文章を利用して具体的に伝えます。

## ■■■ 内装について

**(4)内装について**

　内装も外装と同様に写真と文章を利用して具体的に表現します。

## ■ その他の変更点について

(5)その他変更について

<ロゴを小文字について>「FastBredge」名のブランド名や看板を作成し、内側に添付してください。

「FastBredge」に変更

　ここでは内装外装以外の部分の指示を伝えます。

　例えば、ライバル商品の写真を使っている場合、このロゴ部分をあなたのブランドのロゴに置き換える依頼などをここで行います。

　また、商品の梱包などもここで指示すると良いでしょう。

## ■ 確認事項

(6)確認事項

<最低ロットについて>最低ロット数についての確認

<希望単価60円〜70円以下>

・製作納期・製作納期について確認をお願いします。

※全体概要通販用の商品をお届け致します中ですので、確認いただいた上でサンプル製作をいただきますようよろしくお願い致します。

　ここでは、商品の改良ポイント以外の、最低ロット数の確認、希望する仕入れ単価、納期などを書き表します。

　仕様書というと難しく考えがちですが、画像を利用することで、比較的簡単に、あなたの意思が伝わる、わかりやすい仕様書となります。

　この仕様書のポイントは、なんとなくのイメージを伝えるのではなく、できるだけ明確に指示をすることです。

　例えば、外装を青にしてくださいというよりも、WEB カラー #000080 の navy にしてくださいといったほうが、より伝わりますし、ノートを入れられるようにと指示するよりも、縦 300mm × 横 220mm × 厚み 20mm などの数字で伝えるようにしましょう。

# 01 はじめにやるべき不用品販売

　ここまで読み進めていただいたあなたは、ネット・ビジネスに興味を持っていただけたことでしょう。

　そして、今すぐにでも実行してみたくなったことと思います。

　私も、そんなあなたのために、私がおすすめする中国輸入ODM/OEMや、プライベートブランドの作り方や販売の仕方をすぐにでもお教えして、あなたにも"自由"と"楽しさ"がある人生を歩んでいただきたいと思います。

　しかし、ちょっと待ってください。

　この本は、私が生み出した『寺田式物販スクール』をお教えする本ではありますが、同時に、ただお教えするだけではなく、お読みいただいたすべての方々に、『寺田式物販スクール』で成功していただくことを目的にした本でもあります。

　つまり『寺田式物販スクール』を、上手に実践していただく必要があることから、あなたには、転売ビジネスを頭の中で理解していただくだけでなく、実際にテストケースとして実践していただき、肌感覚として感じていただく必要があります。

　そこで、みなさんにはじめにやっていただきたいのが、ご自身の不用品を、なんでも良いので、できるだけ沢山、ネットの中で販売し、ネットビジネスを実感していただくことです。

## ●Mission1: 不用品を1箇所に集めよう

　不用品販売をする上で、最初にやるべきことは、ご自分の家の中から、すでに使っていない、あるいは、1年以上使っていないものを探してきて、部屋の1箇所にまとめてしまうことです。

　確か、どこかの断捨離の本に「1年間使っていないものは、必要のないものだから捨てる」というフレーズが書いてあったと思います。

　まあ、「1年間使っていないものは捨てる」というのは言いすぎかもしれませんが、少なくても1年も使っていないのであれば、これからも使う機会は極端に少ないか、あるいはほとんどないと考えられます。

　そこで、こういうものがあって、それが特別にとっておく必要がないものであるなら、思い切って、これらを不用品と考えて、"販売"してみてはどうでしょうか。

　こう考えて集めてみると意外に数多くあるのがわかると思います。

## ●Mission2: 不用品を一つ残らず売り切る

　次のミッションは、1箇所に集めた不用品を、フリマアプリを利用してすべて売り切るということです。

　実際に家中から不用品をかき集めて、1箇所にまとめてみると、思った以上に大量で、かさばり、そして邪魔なことに気づかれるはずです。

実は1箇所に集めることの意味は、単純にフリマアプリなどを利用して販売するときに、効率が良いというだけでなく、一刻も早く出品して売ってしまわなければ、邪魔なので不愉快極まりないという心理も、販売に向けるという作戦でもあるのです。

　さらに、この集められた不用品は、不用品のままであると邪魔で捨てたくなるものですが、フリマアプリで完売すれば、予想以上の金額に変わるので、これを元手にネットビジネスがはじめられてしまうという大切な資金なのです。

　実際に私のセミナーを受講した生徒さんの中には、家中の不用品を販売したら、20万円になった方がいました。他にも、全く乗らなかった原付バイクが、わずか3分で売れてしまったり、10年ほど乗らなかった、もうかなり古い中古のクラウンを販売したら、40万円にもなったと喜んでいた生徒さんもいらっしゃいました。

## ● Mission3: メルカリに登録しよう

　フリマアプリを使って、不用品を販売するサイトは、メルカリでもフリルでも、ラクマでもどこでも良いのですが、私が一番おすすめするのは、会員数が最も多いメルカリです。

　そこで、メルカリを使って不用品を販売するまでの方法をご紹介しましょう。

　まず、最初に用意していただくものは、スマートフォンです。

---

メルカリ登録のSTEP1
○スマートフォンを用意しよう(カメラ・インターネット機能

付き）docomo・au・Softbank・楽天

四大キャリアでも、格安スマホなど、インターネット接続ができるスマートフォンであればどのキャリアでも大丈夫ですし、iPhoneでもAndroidでもカメラ機能がついたスマートフォンであれば問題ありません。

もちろん、インターネットに接続されたPCからでも、メルカリにアクセスすることはできますが、簡単なのは圧倒的にスマートフォンのアプリからなので、ぜひスマートフォンを用意してください。

次に用意していただくのはメルカリ会員登録に必要なメールアドレス、Twitterアカウント、Facebookアカウントとのいずれかの一つで結構です。

メルカリ登録のSTEP2
メルカリ登録に必要なもの
• メールアドレス
• Twitterアカウント
• Facebookアカウント

上記3つのうちのどれか1つ。

会員登録に必要なメールアドレスなどが準備できたら、iPhoneの場合は"APP Store"から、Androidの場合は"GooglePlay"からメルカリのアプリをダウンロードして、アプリをスマートフォンにインストールしましょう。

やり方は簡単です。

iPhoneの場合は"APP Store"の、Androidの場合は"GooglePlay"の検索窓に『メルカリ』と入力して検索を行えば、すぐに"メルカリ"のアプリが見つかります。

メルカリ登録のSTEP3
"メルカリ"のアプリをインストールする。
- iPhoneの場合は"APP Store"から
- Androidの場合は"GooglePlay"から

インストールが終了したら、新規会員登録から必要事項を入力して登録を行う。

あとは、インストールして、開くだけです。

その後は、新規会員登録から、先程用意したメールアドレスや、必要事項を入力するだけで登録完了です。

## ●Mission4: メルカリに出品しよう

"メルカリ"への入会登録が終わったら、いよいよ出品です。

出品には、次のようなものが必要になりますから準備しておきましょう。

メルカリへの出品に必要なもの
- 商品写真
- 商品名
- 商品の説明
- カテゴリー

- 商品の状態
- 配送料の負担
- 配送の方法
- 配送元の地域
- 配送までの日数
- 販売価格

となります。

　いきなり、"メルカリ"には、「これらが必要です」と言われても、正直ピンときませんよね。

　ということで、一つ一つ細かく説明していきましょう。

## ●Mission5: 商品撮影をしよう

　"メルカリ"のTOP画面は、右のようなものです。

　このTOP画面の右下にある、赤い"出品"ボタンをクリックしましょう。

　すると、次のような「商品情報入力」という画面に変わります。

　ここの一番上のカメラのアイコンがあるところが、商品写真を撮影したり、すでに撮影されているアルバムの中から、商品写真を選ぶ部分になります。

　"メルカリ"も含めて、ネット販売には商品の写真がとても重要です。

　それは、どんなに文字情報で商品のことを詳しく書いたところで、商品の写真が気に入らなければ、そもそも文字情報は読んで

もらえませんし、読んだとしても、写真のイメージを覆すほどには至りません。

　しかも、文字情報は"メルカリ"の場合、タイトルで40文字まで、商品の説明でも1000文字までと限りがあります。

　つまり「百聞は一見にしかず」と言うことです。

　お見合い写真のつもりで、色合いや質感、構図などを工夫して、より良い写真が撮れるように工夫してみてください。

　また、ここでは10枚の写真を掲載することができます。

　そこで、正面からだけではなく、横や後ろ、また、商品が壊れていたり、傷がある場合などは、後からトラブルとならないように、傷などの状態がわかるような写真を入れておくのも大切です。


　写真撮影は、事前に準備していなくても、カメラのボタンを押せば、自動的にスマートフォンのカメラアプリが立ち上がって撮影ができます。

　もちろん、このときに撮影をしながら商品を出品していっても良いのですが、意外に最初は撮影がうまく行かずに時間がかかる場合があります。

　そこで、なれるまでは、出品の手順に移る前に、カメラアプリで事前に何枚か撮影しておき、気に入った写真ができてから、出品をしても良いでしょう。

　このときは、カメラのアイコンボタンを押した後、カメラアプリに切り替わったら、アルバムを選択して、アルバムの中から商品写真を選びましょう。

## ●Mission6：その他の情報を入力しよう

さあ、"メルカリ" 出品まであと一息です。

### ●『商品名』

写真の登録が終ったら、『商品名』の登録です。

ここは40文字まで書けるので、単純に商品名だけを書くのではなく、その後に「在庫1点限り」とか、「即日配送します」など、買い手の気持ちをくすぐる演出を一緒に書いておきましょう。

また、商品に型番があるときは、ここに記載しましょう。

### ●『商品説明』

『商品説明』には、商品の特徴をわかりやすく記載したり、アパレル製品の場合などは、色やサイズなどを書くのも良いでしょう。

もし、よくわからなければ、他の同じような商品を出品しているページを参考にしても良いと思います。

多くの方が、この説明文をあっさり書いているだけだったりしますが、ここを丁寧に書き込むことで、書いてからは、売り手の人柄として見え、信頼できる売り手だと思ってもらえて、売れやすい商品になります。

ここまで来たら、出品の80%は終ったのも同然です。

### ●『カテゴリ』

『カテゴリ』は、買い手が商品を検索するときなどに利用します。

そこでご自身の商品が属するカテゴリを設定する部分です。

商品写真を画面に反映すると、次のように、過去に履歴から選ばれた候補が表示されるので、設定が楽になります。

このカテゴリを正しく設定することは、売れやすさにも直結すると考えましょう。

## ●『商品の状態』

『商品の状態』は、次の6つから選択します。

商品の状態の設定項目:
- 新品・未使用
- 未使用に近い
- 目立った傷や汚れなし
- やや傷や汚れあり
- 傷や汚れあり
- 全体的に状態が悪い

この設定は、信頼に繋がり、トラブルの元にもなるので、正直に回答しましょう。

## ●『配送料の負担』

次は『配送料の負担』です。

『商品の情報を入力』の画面を、下にスクロールすると、『配送料の負担』から下の項目を見ることができます。

『配送料の負担』は、「送料込み ( 出品者負担 )」か「着払い ( 購入者負担 )」のいずれから選択できます。

この選択では、売れやすいのは圧倒的に「送料込み ( 出品者負

担)」の方です。

　このような選択も、買い手の立場になって考えてみることも必要です。

## ●『配送の方法』

　ここでは、次の中から配送の方法を選ぶことができます。

　配送の方法

・らくらくメルカリ便

・ゆうゆうメルカリ便

・大型らくらくメルカリ便

・未定

・ゆうメール

・レターパック

・普通郵便（提携・定形外）

・クロネコヤマト

・ゆうパック

・クリックポスト

・ゆうパケット

　上記のようになります。送料や、大きさ、匿名性などから、配送方法を選択してください。

　"らくらくメルカリ便"や"ゆうゆうメルカリ便"なら、匿名性もあり、送料も安いことが多いので、おすすめの配送方法です。

## ●『販売価格』

　最後に販売価格を入力します。

　価格の決め方は、商品の定価や、同様の商品の相場などを研究

することも必要です。

　また、オークファン（https://aucfan.com/user/general/）というサイトを利用すれば、ヤフオク！の相場を知ることができます。

　もう一つ気をつけていただきたいことは、"メルカリ"の場合、商品価格の 10% が販売手数料として、商品が売れたときに、商品価格から差し引かれますので、これも頭に入れておきましょう。

　もし、どこに出しても売れる商品ならば、ラクマやヤフオク！など、販売手数料が必要なかったり、比較的定額の販売サイトを検討しても良いでしょう。


## ●出品完了

　出品に関する注意事項を読んだら『出品する』ボタンを押して、無事出品までの全ての Mission をクリアしました。

　どうでしょう？　簡単でしたよね。

# 02 展示会攻略方法

　今までは、OEM や ODM のもととなる商品を、アリババなどのサイトを利用して探すお話をしてきました。

　このようなサイトを利用して探す方法は、手軽に、より多くの商品を比較検討できるというメリットはあるものの、写真や動画などを参考にするため、実際に取り寄せてみないとわからないというデメリットもあります。

　また、一つ一つ取り寄せて検証するのに時間がかかるなどの、時間的ロスもあります。この時間的なロスを最小限にしつつ、商品の品質も担保できる方法が、今からご説明する、展示会の攻略法になります。

　展示会の大きな魅力は、展示会に出展している企業のブースに出向き、実際の商品サンプルを手にしながら、OEM や ODM の交渉にすぐに入れるというものです。

## ● 展示会のメリット

・優良な商品をもつ企業・工場とつながることができる
　ここでいう優良とは、次のようなものになります。

---

優良
- 品質が高いことや、日本で販売するために必要なそれぞれの認証を受けている商品である
- 最新の商品である

---

- ODMやOEMが可能な商品である
- サンプルを手にできる

つまり、すぐに OEM や ODM に取り組めます。

中国製品の展示会は、香港や中国国内の広州、深セン、北京、上海などで、ほぼ毎月のように行われているので、JETRO(日本貿易振興機構 / ジェトロ https://www.jetro.go.jp/) のホームページなどで確かめることができます。

## ⬣ 展示会はリサーチしてから出かけよう

展示会には、それぞれエレクトロニクスや、生活雑貨などのテーマがあります。

しかし、ホームページなどで見つけた展示会に、何もリサーチせずに行くことはおすすめしません。

これでは、ただの観光旅行になりかねません。

展示会に赴き、しっかりとした利益を上げるためには、事前の準備・リサーチが必要になります。

まずは、展示会の情報を得ることです。

どのような商品をもつ、どんな企業が出展するのかは、展示会のサイトを見れば大抵把握することができます。

そこで、この商品がどのような売れ方で、どのようなニーズがあるのかなどは、この本の中ですでにお話をさせていただいている、Amazon での商品リサーチの方法を用いて、

・基準の利益 10 万円などが確保できるか？

・ライバルの弱点

・お客様の要望

　などを洗い出し、差別化を考えてから展示会に足を運ぶように
しましょう。

　つまり、今までお話をしてきたアリババなどを用いた中国輸入
OEM/ODM の手法と全く同じように、すでに仕様書を作れるま
でや、実際に作ってから展示会に行くようにここがければ、現地
の展示会で、すぐに具体的な話をすることができるのです。

　これが、展示会の攻略法です。

# 4章

# Amazon で販売する手を抜かない準備と売り上げを伸ばす確実な納品方法

# Amazonで販売を開始するための4つの準備

　Amazon で OEM/ODM のオリジナル用品を販売する場合、Amazon 内に販売するオリジナル商品のブランドページを制作することができます。

　実際の販売には、このブランドページを制作し、用意して販売するわけですが、このページを制作する前に、その準備段階としてやらなければならないことがあります。

　ここでは、その4つの準備のご紹介とご説明をしていきましょう。

　最近では、Amazon を名乗った mail などによる Amazon 詐欺が横行していることから、単なる転売ビジネスに関して、Amazon の規制が強化されています。

　転売ビジネスはなかなか利益に結びつきにくくなっているのが現状で、Amazon 側の規制により、なおさら販売しづらくなってきています。

　これに対して、オリジナル商品の販売には追い風で、Amazon から次々に商品の販売に役立つサービスがリリースされています。

　今後、Amazon でのビジネスは、オリジナル商品の販売以外生き残って行けないのでは？　と思われるほどです。

## ▶なぜオリジナル商品のページを制作する必要があるのか

　Amazon で販売を開始するための4つの準備に入る前に、オリジナルブランドや、オリジナル商品を販売していく上で、なぜ、オリジナル商品のページをわざわざ作る必要があるのか？　についてお話します。

　Amazon の販売形態は、Yahoo ショップや楽天ショップなどの、ショ

ップ単位の販売形態とは異なり、商品ごとのページ販売になっています。

　これは、Yahooショップや楽天ショップのショップ単位の場合には、ショップごとにページがあり、その中に各商品が陳列されている様になっています。

　つまり、yahooショップや楽天ショップなどの場合には、同一商品であっても、販売者の数だけその商品を掲載するページが存在することから、同一商品であっても販売者間の価格やサービスの違いが比較しにくくなっています。

　これに対してAmazonの場合には、一つの商品に対しては一つのページしか存在せず、その商品を販売しているセラーの情報や価格は、全てその商品のページに集約して表示されます。

　このことから、同一商品の価格比較が誰でも容易にできる仕組みとなっています。

　このAmazonの仕組みは、仮に同じ商品を販売しようとする、いわゆる相乗り販売者には、わざわざ自分でページを作らなくて良いという、出品の利便性が提供されているわけですが、その反面、価格の比較が容易なために、他のライバル出品者と常に価格比較されて、売れ残りや、原価割れの危険にさらされているという恐ろしさもあります。

## オリジナルページの必要性

　この写真は、「The中国輸入」と呼ばれるほど、中国輸入を考えている人ならば一度は目にするほど有名な商品です。

このときの Amazon 価格は 1,630 円でした。

この商品をアリババで検索すると、すぐに次のような商品のページが見つかりました。

## 似たページを見つけたら

このページでは、この商品は 10 個以上仕入れれば 1 個単価が 60 元になるということです。

この価格から、おおよその仕入れ原価を割り出すために、国際レートが 1 元＝およそ 17 円のところを、国際輸入経費などを含む換算レートの 1 元＝ 25 円で計算すると、1 個あたり、1,500 円であることがわかりました。

## ライバルとの比較

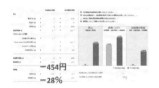

これを Amazon の「FBA 料金シミュレーター」を使って Amazon の通料などを除いた利益計算をしてみると、なんと利益額が -454 円、利益率が -28% という計算になりました。

なぜ、このような赤字となっても販売を続けるセラーがいるのでしょ

う。

　それは、輸入したライバルが多く、在庫を抱えてしまっているために、誰かが安くして在庫を処分しようとした瞬間に、値下げ合戦が始まってしまう、相乗りデフレに陥ってしまったからなのです。

　これが、Amazon の単なる輸入転売を含む、転売の末路なのです。

　これに対して、次の商品は Amazon で、2,830 円で売っている ODM 商品のページです。

## ODM 商品の強み

　ODM 商品なので、当然プライベートブランドということになり、相乗りもされていません。

## オリジナルブランドの強み

　この商品をアリババで検索すると、先程の商品と同じように、すぐに見つけることができました。

この商品は 45 元で販売されていました。

## 確実な利益の確保

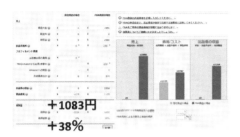

先程の商品と同様に、1 元 = 25 円で換算し、Amazon の手数料などを引くと、原価が 1,125 円、利益額が 1,083 円、利益率が 38% となりました。

これだけの利益が出て、相乗りされていません。

相乗りされていないということは、今後もこの商品をこの価格で販売することができることに繋がります。

これがオリジナルの OEM、ODM 輸入を行い、さらに Amazon のオリジナル商品ページをつくる最大のメリットになります。

## 大きな利益を生む仕組み

**販売個数 5個/日  150個/月**

5個×1,083円＝　5,415円/日

150個×1,083円＝162,450円/月

しかも、この商品のランキングから商品の売れ行きを推測してみると

およそ1日5個程度の販売で、1カ月150個であることがわかります。

　すると、1日あたり5,415円、ひと月あたり162,450円の利益があることがわかりました。

　これを継続的に需要のある限り販売し続けることができるのです。

　つまり、同じアリババの商品であっても、OEM、ODM商品とすることで、Amazonでオリジナルブランドの商品として販売することができ、その結果、オリジナルの商品ページを持つことができます。

　すると、ライバルの相乗りを防止することができ、商品ページを育てていくことで、売上や利益を安定することができるのです。

## ▶ カタログページを作成するのは難しいのではないか？

　インターネットのカタログページを自分で作成するとなると、ハードルがかなり高く感じられることでしょう。

　しかし、これはなんの心配もいりません。

　Amazonの場合、誰でも簡単に制作できるように作られていて、一つ一つの項目を埋めていくだけで、手順さえ踏めば、誰でも作成できます。

## ▶ Amazonで販売を開始するための4つの準備

　Amazonでオリジナル商品を販売するために、オリジナル商品のカタログページやブランドページを作ろうとした場合、その前に準備しなければいけない4つの手順があります。

　その4つの手順とは、次のようなものです。

Amazon販売を開始するための4つの手順
手順1「大口出品への切り替え」

手順2「JANコードの取得」
手順3「カテゴリ申請」
手順4「商品画像の準備」

## ■■■ 大口出品への切り替え

Amazon の商品販売には、「小口出品」と「大口出品」があります。

オリジナル商品の販売ページを作ることができるのは、「大口出品」として登録している場合に限られるため、必ず「大口出品」で登録する必要があります。

ただ、現在は一度「小口出品」登録してしまうと、「大口出品」への切り替えができないため、「小口出品」を解約して「大口出品」に登録し直す必要があります。

## ■■■ JAN コードの取得

JAN コードとは、どの事業者のどの商品なのかを表す、世界共通の識別番号で、JAN とは、JapaneseArticleNumber の略です。

新しい商品を Amazon に登録する場合に、必ず必要となるものです。

インターネットを使って、一般財団法人流通システム開発センター (http://www.dsri.jp/jan/about_jan.html) のページから、申請して取得することができます。

申請は簡単
ステップ1emailアドレスを登録する。
ステップ2申請フォームに入力する。
ステップ3登録申請料を支払う

ステップ4登録通知書を受け取る（登録完了）
というこれだけで簡単に JAN コードを取得できます。

## ■■■ カテゴリ申請

ほとんどのカテゴリではカテゴリ申請が不要になりましたが、Amazon で商品を販売するためには、カテゴリ申請をする必要がある商品があります。

この場合、事前にカテゴリ申請をしておく必要があります。

この申請は、Amazon の審査があり、この審査を通過すれば、このカテゴリに出品できるという申請です。

カテゴリ申請が必要な商品は次のようなものです。

---

カテゴリ申請が必要な商品
- ジュエリー
- 時計
- Amazon限定商品の出品
- イタリア製品

---

商品画像の準備：

Amazon の商品カタログページを作るためには、事前にこのページに掲載する写真を準備しておく必要があります。

素材写真はアリババなどの写真を流用することも可能ですが、ただ、そのまま掲載するのではなく、フォトショップなどを使って自分でできるのであれば、加工やデザインをしたり、場合によっては商品撮影をカメラマンさんに撮影してもらい、デザイナーさんにお願いして、製作・加工をしてもらうことも必要になります。

これらは、外注を行う会社に依頼しても良いと思いますしクラウドワークスなどを利用して発注しても良いでしょう。

ここで押さえておかなければならないのは、必ず画像をデザインするということです。

そのままの素材写真を掲載するということは、NG になります。

そのまま素材写真を掲載すると、商品の売上につながりません。

必ず商品ページを作る前に、加工した商品写真を用意しておきましょう。

この事前の４つの準備の内、

手順１「大口出品への切り替え」

手順２「JAN コードの取得」

手順３「カテゴリ申請」

手順４「商品画像の準備」

手順１から手順３までは一度行ってしまえば次回から行う必要がありません。申請が不要なカテゴリであれば手順３については不要です。

２商品目、３商品目と商品を増やしていく際に必要なのは、手順４「商品画像の準備」のみになります。

商品ページを作成する前にこれらの準備を終わらせましょう。

## 2 商品カタログの作成手順

　OEM/ODM を利用して、Amazon の中で商品の販売をしようとしたときに、Amazon のカタログページの製作は避けて通れない重要なものです。

　もちろん、制作代行を行ってくれる会社や、クラウドワークス（ネット製作などを行うクリエイターへの依頼ができるサイト）などを利用してカタログページ製作の依頼を行うこともできますが、ここでは、全くの初心者の方でも、カタログページが製作できるようにご説明をいたします。

　カタログページとは、Amazon 内で閲覧できる商品一つ一つのページのことを指しています。

　そしてカタログページは、Amazon に登録することで作られた「セラーセントラル」から作ることができます。
「セラーセントラル」からカタログ＞商品登録のボタンを押すと下のようなページが現れます。

### 商品登録をする

「セラーセントラル」＞カタログ＞商品登録

　この画面では、登録する商品のカテゴリを、大カテゴリ＞中カテゴリ
＞小カテゴリという順番で選択します。

　このあと、カタログページを作成するためには、8つの項目の入力が
必要になります。

【囲み】

---

カタログ制作に必要な8つの項目
- 重要情報
- バリエーション
- 出品情報
- コンプライアンス情報
- 画像
- 説明

---

・キーワード

・詳細

　それではこの「カタログ制作に必要な8つの項目」を一つ一つご説明していきます。

　□重要情報

　重要情報の入力画面は、次のようなものになります。

## 情報の入力

　まず、このような入力フォームに置いて覚えておいていただきたいことは、赤いアスタリスクが項目名称の前についた入力項目は、入力必須項目と言って、必ず入力しなければ登録できない部分となります。

　言い方を変えれば、この部分さえ入力できれば、良し悪しは別にして、登録だけは可能です。

　もし、何らかの事情ですべての入力項目を完成できない場合などには、この必須項目だけでも入力して保存をしておくことで、後からゆっくりと他の項目の入力や、必須項目の修正が可能です。

　◆「商品名」への入力

　商品名は、あなたの商品の単なる名前と考えて、好きな名前をつけてしまいがちなところです。

　しかし、Amazonという販売形態を考えたときには、お客さんは、欲

しいものがあるときに、Amazon ページの検索機能を利用して、自分の欲しい商品にたどり着きます。

そして、この検索機能は、カテゴリや、商品のページに書き込まれている情報をもとにヒットします。

ということは、あなたの商品の売上を上げるためには、検索されるときにヒットしやすいキーワードが、いかにあなたのページに含まれているかが大切で、しかも、この商品名の部分が最もヒットしやすい重要な部分になります。

そこで、商品名をつけるときには、この検索のときのヒットを考慮するために、次のような注意が必要となります。

商品名：

・スペースを含めて全角 50 文字以内 ( 服 & ファッション小物、シューズ & バッグ、時計、ジュエリーのみ 60 文字以内 )

実際には、この文字数を超えて入力しても弾かれるようなことはありませんが、お客さんに正確に明確に商品を訴求するためには、この文字数を守って商品名を決めるようにしてください。

・キーワードの前は半角スペースを必ず入れる

これはコンピューターの登録上のルールで、半角スペースを空けることで、それらがすべてキーワードであると判断をします。

もし、これを全角で入れてしまうとそれぞれの言葉がキーワードだとみなされません。

このキーワードの入力には少しだけ工夫が必要になります。

例えば、あなたが iPhone のケースを販売しようとしたとします。

このときキーワードの設定に、「iPhone ケース」と入力したとしましょう。

すると検索では、「iPhone ケース」と入力した場合にヒットすることになります。

しかし、お客さんは「iPhone」と検索キーワードを入力するかもしれません。し、「ケース」と入力するかもしれません。

あるいは「iPhone のケース」と入力するかもしれません。

このような場合、「iPhone」半角スペース「ケース」とキーワード設定をしておけば、「iPhone」や「ケース」とお客様が、キーワードを入力したときも対象になりますし「、iPhone のケース」と入力したときも対象になります。

しかし、「iPhone ケース」と検索キーワードを設定してある場合には、「iPhone」や「ケース」、「iPhone のケース」と入力しても対象にならず、「iPhone ケース」と検索キーワード入力をしたときのみ対象になります。

そこで、検索キーワードの設定の際には、検索対象となりそうな言葉を短い一言に分けて登録すると、検索の対象になりやすいでしょう。しかし、ここで注意しておくことは、検索の対象になる＝ヒットすると言うことではなく、ヒットするためには関連性を重要視されますから、必ずしもヒットするとまでは言い切れないということです。

・半角カタカナは使用不可

　半角のカタカナは使用することができません。

・セール、激安、送料無料、○ %off 等の販促文言は不可

　このような購買を煽るような文言は入れることができません。

・ブランド名 + 商品キーワード + キーワード

　商品名に入力する言葉として最も一般的なのは、このブランド名 + 商品キーワード + キーワードです。

　ブランド名には、あなたがプライベートブランドにつけたブランドの名前を入れてください。

　商品キーワードは、先ほどもお話ししたように「iPhone ケース」の場合は、「iPhone」半角スペース「ケース」と言うような検索対象となりやすいキーワードを入れます。

　この次のキーワードの部分には、例えばレディースのセーターの場合

には「レディース」半角スペース「セーター」などと入れると良いでしょう。

　これらのすべてを合わせて、原則全角で50文字以内としてください。


　メーカー名：

　メーカー名には、あなたのプライベートブランドのブランド名を入れてください。

　もし、仮にあなたのプライベートブランドの商品ではない場合は、ここにその商品のメーカーの名称を入れます。

　ブランド名：

　あなたのプライベートブランドの商品の場合は、このブランド名のあなたのプライベートブランドの名前を入力します。

　ここにも、あなたのプライベートブランドの名前を入力すると、メーカー名およびブランド名あなたのプライベートブランドの名前が重複して掲載されることになります。

　これを「おかしい？」と思うかもしれませんが、ここはこれで良いことになります。

　もし、あなたのブランドはメーカー名とブランド名が違う場合にはメーカー名にはメーカーの名前を、ブランド名にはブランドの名前を記入するようにしてください。


　メーカー型番

　ここには、もしあなたが商品型番を設定しているのであればそれを入力してください。

　もちろんここは任意入力の場所なので、何も入力しなくても構いません。


　JANコード

ここであなたが取得した JAN コードを入力します。

ただし、バリエーションのある商品の場合はここの部分には入力しません。

### ■■■ カテゴリによる重要情報の入力項目の違い

販売する商品の出品カテゴリによって入力項目に販売する商品の出品カテゴリによって、重要情報の入力項目が異なる場合があります。

例えば「ファッション」というカテゴリに出品する場合には、次のような重要情報の入力ページになります。

### カテゴリの違い注意

「ファッション」というカテゴリの場合は、先程の標準的な重要情報の入力項目になかった「再生」、「サイズマップ」、「色」、「カラーマップ」、「表地素材」、「対象」、「素材構成」などが加えられています。

これらは、あなたの商品の情報内容に応じて入力していくだけで良いでしょう。

もし、入力の仕方がわからない場合には、あなたの商品の類似商品を見つけその商品を入力している重要情報を参考に入力することも良いでしょう。

# ③ バリエーション登録

　あなたの商品カラーや、サイズなどのバリエーションがある場合には、この項目を設定します。

　バリエーションのある商品の場合には、「バリエーション」をクリックしていただくと次のような画面に切り替わります。

**手順①**

　この画面では初めに「バリエーションの種類」の選択ボタンの中から、あなたのバリエーションを登録する項目を選択するのですが、この選択項目には非常に多くの項目があります。

　そこでここでは、バリエーションのある商品で、よく選択される「色」、「サイズ」、「色サイズ」の３つのパターンについてお話をしていきます。

**手順②**

「色」とは、商品にカラーバリエーションがある場合に選択する項目です。「色」バリエーションを登録された商品ページには、1つの商品に対してカラーバリエーションの小さな小窓がつき、この小窓の写真を選択すると大きな商品の写真が切り替わるバリエーションページが制作されます。

**手順③**

「サイズ」とは、商品サイズバリエーションがある場合に選択する項目です。「サイズ」バリエーションを登録されたページには、サイズを選択できるプルダウンメニューが追加されます。

「色サイズ」とは、商品のカラーとサイズの両方のバリエーションがある場合に選択する項目です。

**手順④**

「色サイズ」のバリエーションがあるページには、カラーを選択できる写真と、サイズを選択できるプルダウンメニューの両方が追加されます。

## ■■■「色」バリエーションの登録

　例えば、「色」バリエーションの登録を選択した場合には、次のような画面に切り替わります。

　仮に、あなたの商品に赤、青、緑の３色のカラーバリエーションがある場合、①の色に赤、青、緑の３色を入力します。

**手順⑤**

次のテーマに関するバリエーションをすべて入力してください。

各項目では、出品商品に存在するバリエーションをすべて記入します。たとえば、サイズが大、中、小の三種類、色が白とを記載してください。すべてのバリエーションを扱っていない場合や、一時的に在庫切れになっている場合でも、記載するージで削除することができます。詳細はこちら。

色 ⑦

| ホワイト | ブラック | レッド |
| --- | --- | --- |

例) 赤、青、緑、黄

バリエーションを登録

　この時に、赤の商品は、レッドと入力しておくと、商品ページのカラーバリエーションには、「レッド」と表示されます。

　色の名称をなんと入力するかはあなたの登録の仕方に委ねられます。

　色を入力して、「バリエーションを登録」ボタンをクリックすると次のような入力画面が現れます。

ここでは、色バリエーションごとに、それぞれの情報を入力していきます。

## 手順⑥

①カラーマップ

カラーマップとは、次の画像の枠内にあるものを示します。

カラーマップは、最初から提供されているカラーからも選択できますし、あなたが新たに登録することもできます。

## 手順⑦

カラーマップは、お客さんが商品を検索する際に「カラーマップ」による絞り込みができるように提供されているサービスです。

いわば、検索キーワード登録のカラー版と思っていただくと良いでしょう。

②SKU：任意

SKU は、商品管理番号のことで、出品者が任意の設定ができる、商品固有の識別コードのことです。仕入れの単価や、いつ登録したのかなどを入力しても便利です。

③商品コード：JANコード

商品コードには、JANコードを入力します。

④商品コードタイプ：EAN

商品コードタイプでは、「EAN」を選択してください。

⑤コンディション：新品

ここはプライベートブランド商品で、新品なので、「新品」を選択します。

⑥販売価格：価格を設定

販売価格には、あなたの商品の価格を入力します。

⑦ポイント：任意

ポイントとは、Amazonポイントのことで、ここで例えば「1％」と入力すると、お客さんがあなたの商品を購入すると「1％」分のAmazonポイントを受け取ることになります。

ここでお客様に付与されたポイント分は、実質あなたの商品の売上から差し引かれますので、あなたの利益が少なくなることを注意してください。

⑧在庫：在庫数を入力

ここでは今回仕入れて、販売する商品の在庫数を入力してください。


■■■ **出品情報**

出品情報の入力ページは次のようなものになります。

出品情報の入力ページでは、最初から入力項目が表示されるわけではありません。

**手順⑧**

　そこで、「詳細表示」をクリックして「詳細情報」の入力フォームを呼び出します。

　このフォームでは次のような項目を入力します。

**手順⑨**

①出荷作業日数：空欄で OK

②商品の入荷予定日：空欄で OK

③最大注文個数：必ず設定

※数値は任意 3 〜 10 ぐらい

④ギフトメッセージ：チェックを入れる

ギフト包装：チェックを入れる

⑤配送パターン：デフォルトのまま

⑥販売開始：空欄で OK

⑦ TAX コード：空欄で OK

⑧フルフィルメントチャンネル：そのまま

①出荷作業日数

これは、自宅から発送をする際に、注文を受けてから発送をするまでの日数になります。

基本的にはFBA出荷になりますので、空欄で構いません。

②商品の入荷予定日

こちらは空欄でOKです。

③最大注文個数：必ず設定

これは設定しておきましょう。

通常商品であれば2〜3個程度に、大量注文をされやすい季節商品などは10個程度に設定をしておくと、ライバルに在庫状況の確認や、売上の確認がされにくくなり、有利に販売が可能です。

④ギフトメッセージ

これも自宅から発送する場合のチェック項目なので、チェックを入れておきましょう。

⑤配送パターン

デフォルトのままにしておきましょう。

⑥販売開始

空欄でOK

⑦TAXコード

空欄でOK

⑧フルフィルメントチャンネル

そのまま

## ■■ コンプライアンス情報
## コンプライアンス情報について

これは、電池を使用した商品の場合のみに記入する部分になります。

商品に電池を使用していなければこのコンプライアンス情報への記入は必要ありません。

## ■■ 画像
## 手順①

ここでは商品画像を登録できます。

この商品画像は、Amazon で販売をしていくうえで非常に重要な項目です。画像は9枚まで設定できます。

ここでの注意点は、次のようなものです。

【囲み】

・メイン画像の背景は白にして、背景に文字などは入れないようにしま

す。

・画像の最大の大きさは、1辺の大きさが最低でも500px以上の画像の登録をします。可能であれば、1辺の大きさを1000px以上にすると、Amazonのズーム機能が利用できるようになります。

・画像のデータ形式は、JPEG形式にします。

・画像は9枚まで登録できますが、実際に1枚目の商品ページに表示されるのは7枚までなので、登録する画像数は7枚にします。

　カラーバリエーションのある商品に関しては、別にカラーバリエーション画像の登録を行う必要があります。

**手順②**

　カラーバリエーション画像の登録方法は、一度、現在入力している商品画像を保存して、Amazonセラーセントラルの在庫＞在庫管理をクリックします。

**手順③**

　すると、あなたが設定している商品が表示されます。

　また、すでにバリエーションのある商品は、バリエーション設定をし

ているはずなので、バリエーションをクリックできるようになっています。

　バリエーションをクリックすると、その商品ごとのカラーページが表示されます。

　その一つ一つに「詳細の編集」というボタンが表示され、これをクリックすると、次のような9枚目の画像の次にカラーバリエーションを登録できる画像アイコンが表示されます。

## 手順④

　この9枚目のアイコンをクリックして、カラーバリエーション画像を登録してください。

## ■■ 説明

　説明には、「商品の仕様」と「商品の説明」という入力部分があり、「商品の仕様」では、商品の仕様に関して入力することができます。

　また赤枠内の「さらに登録」ボタンを押すことで、入力欄を追加することができます。

　ここで、「商品の仕様」に入力すると、実際の商品ページでは、次のような赤枠の部分に表示されます。

## 手順①

「商品の説明」に関しては、「商品紹介コンテンツ」を利用するので、空欄のまま未記入にしておきます。

## 手順②

## ■■ キーワード

ここは重要な部分です。

すでにタイトルにもキーワードを入れていますが、タイトルは文字数制限があるため、入れきれていないキーワードはここを使って設定します。

この検索キーワードの入力には、次のような Amazon のルールがあります。

・キーワード入力のルール

- 1行まで設定できる
- 文字数500バイト(ファッションは250バイト)
- キーワード情報、Amazonサジェストワードを参考
- 関連性のあるキーワードのみ
- タイトル入力済みのキーワードは入力しない
- 重複したキーワードを設定しない
- キーワードの前は半角スペースを入力する
- スタイルキーワード:任意で設定
- プラチナキーワード:空欄のまま

## ■■ 詳細

### 手順③

　詳細の入力フォームは、すべての項目が任意になっているため、すべてを空欄でも構いません。

　しかし、「商品寸法」や「商品重力」など、入力が可能な部分に関しては、入力しておくことをお勧めします。

　すべての項目を入力終わりましたら、「保存して終了」ボタンをクリックします。

「保存して終了」ボタンをクリックすると「在庫管理画面」にもどります。

**手順④**

保存して終了

　登録した商品情報は、およそ 15 〜 20 分程度すると Amazon に反映されます。

# 4 FBAへの納品方法

　ここでは、AmazonへのFBAによる納品の手順と、中国の代行業者からAmazonに直接納品する方法についてお話をしていきます。

　Amazonに納品できる商品は、カタログページがある商品だけなので、必ずこの納品作業は、カタログページを作ってから行ってください。

　また、同様に代行業者さんから直接Amazonへ納品をしてもらうときにも、カタログページを作り、商品のJANコードを代行業者さんに伝えて納品を行うという順番になります。

　納品を行うには、Amazonのアカウントにログインし、セラーセントラルの中から、在庫という部分をクリックすると次のような画面になります。

　Amazonにログイン＞セラーセントラル＞在庫

## FBAへの納品手順

商品ページを作っていれば、この在庫管理のページの②の部分に必ず商品情報が現れますので、商品情報にチェックを入れて、③のボタンを押してください。

　しかし、商品にカラーやサイズなどのバリエーションのある商品の場合には、この画面ではそこまでの詳細な情報が画面に表示されないため、この画面だけではバリエーション商品を納品登録することができません。

　バリエーション商品の場合には、次のような手順で納品登録を行います。

　①の商品ボタンをクリックすると、②のような画面に変わるので、必要なところにチェックを入れ、③の一括変更ボタンを押して登録を行います。

## 納品を進める

　このように、バリエーションのある商品の場合には、①の商品画面でチェックを入れても、途中で弾かれて納品登録ができなくなるので、必ず、②のバリエーションの部分まで進んで必要項目をチェックして納品するようにしてください。

　Amazonにログイン＞セラーセントラル＞在庫と進み、必要項目をチェックして、一括変更ボタンをクリックすると、次のような画面に切り替わります。

## 在庫管理 詳細はこちら

次にこれも初回だけの登録になりますが、「納品元の住所が未設定の場合」という画面になります。

これはどこの場所から納品がされるかについて登録する画面になります。

基本的にご自身の住所で問題ありません。

中国の代行業者から直接納品する場合にも、ここはご自身の住所となります。

次は納品する商品の数量を入力する画面になります。

ここには、それぞれの商品の数量を具体的に数字で入力してください。

数量を入力し「続ける」ボタンをクリックすると、次の画面に切り替わります。

　ここでは、このまま「続ける」ボタンを押します。

　すると「商品ラベルの発行」画面に切り替わります。

## ラベルの発行

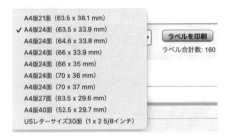

　この画面で、バーコードラベルを印刷するための用紙サイズを選択して「ラベルを印刷」ボタンをクリックします。
　FBAを納品する場合のラベルを印刷する用紙は、Amazon内で購入することができます。

## ラベル用紙の購入

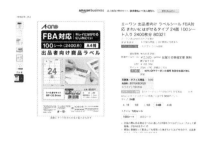

「ラベルを印刷」ボタンをクリックすると、次のようなバーコードのPDF データが制作され、これをダウンロードすることができます。

### 手順①

　ここまでできたら、自分で商品を Amazon に発送する場合には、バーコードラベルを印刷して、商品に貼り付けます。

　もし、代行業者に発送を依頼する場合には、PDF データを代行業者に送付します。

　商品ラベルの PDF データをダウンロードしたら「続ける」ボタンをクリックします。

　すると次のような画面になりますので、「納品作成する」ボタンをクリックしてください。

　次は、納品する商品の数や商品そのものを修正できる画面に切り替わります。

**手順②**

　もし、商品の修正が必要な場合には、ここで修正を行います。
必要のない場合には次に進みます。

**手順③**

　ここでは配送方法や、配送業者を選択します。
　配送方法は、標準配送を選択します。
　つぎに、自宅から配送する場合は、配送業者を選びます。

**手順④**

　中国の代行業者から納品をする場合には、FBA のパートナーキャリア
は選択しないで、日本国内の配送にどこの業者を利用しているかを確認
して、ここで選択します。

### 手順⑤

もし、FBA のパートナーキャリアを選択した場合には、輸送箱の情報の入力が必要になります。

ここでは、輸送箱の数を選択し、輸送箱の商品情報の入力には「入力しない」を選択します。

### 手順⑥

配送業者

**FBAパートナーキャリア**
FBAパートナーキャリアサービスでは、配送料の割引や、納品プラ

○ 日本郵便

○ ヤマト運輸 - ※1.5万円割引実施中。要専用ラベル用紙。

自分のものを利用する

次に、

・輸送箱数

・1箱あたりの重量

・輸送箱の寸法

の3つを入力する画面になるので、これらを入力します。

Amazon の FBA の納品は、170cm サイズの箱まで受け付けていますので、必ずそれまでの大きさの箱に収まるようにして納品しましょう。

ここで、FBA のパートナーキャリア以外を選択した場合には、次のような画面になるので、輸送箱数、重量、寸法を記入していきます。中国からの直送の場合は代行業者に詳細を確認しましょう。

## 手順⑦

次は「配送ラベルの発行」画面に切り替わるので、印刷用紙の選択の部分で「1枚あたり6ラベル」を選択肢、「配送ラベル印刷」をクリックします。

## 手順⑧

すると、配送ラベルをダウンロードすることができるので、ダウンロードをして、これを一箱ごとに貼り付けます。

この貼付けのときに注意する点は、箱蓋を閉じたテープの上ではなく、必ず、空いている部分に貼るようにしてください。

代行業者から発送してもらうときには、この「配送ラベル」のPDFデータも「商品ラベルデータ」と一緒に送付してください。

また、自宅からの発送の場合には、最大170cmサイズの箱で、1箱あ

たり 40kg まで、1 箱が 15kg を超えた場合には、天面と側面に「重量超過」と必ず記載してください。

最後に「クリックすると納品が完了します」というボタンを押して、あとは配送業者に納品する箱を集荷してもらえば納品は終了します。

**手順⑨**

クリックすると納品が完了します ▶

画面の最後には、次のような「お問い合わせ番号」を入力する画面が現れますが、これは任意ですから、わかれば入力する、わからなければ入力しなくても大丈夫です。

**手順⑩**

# お問い合わせ番号

# 5章

# Amazon でヒット商品を出す
# ランキング１位も可能！
# 注目を集めるための４つの STEP

# Amazonの検索エンジンを攻略せよ

Amazonのお客さんは、Amazonで目的の商品を探す場合、ほとんどの方が検索機能を利用しています。

そこで、あなたの商品をヒットさせようと考えたのであれば、Amazonの検索システムを攻略する必要があります。

Amazonの検索エンジンは日々進化していて、半永久的に攻略できる方法というのは存在しませんが、すくなくとも現段階におきましては、つぎの7つのポイントを抑えておく必要があります。

---

Amazon検索エンジンを攻略する7つのポイント
①販売件数を稼ぐ(一度にたくさん買われても無意味)
②良質な商品レビューを集める
③クリック率を高める
④ユニットセッション率を高める
⑤適切なキーワードを入れ込む
⑥キーワードが効いてるかをチェックする
⑦在庫に余裕を持っておく

---

①販売件数を稼ぐ ( 一度にたくさん買われても無意味 )
Amazonの検索エンジンは、直近の販売件数に応じて上位を決めていくロジックを持っていると考えられます。

しかも、これは「個数」ではなく、「件数」となっているため、1度に大量の販売が行われても、これは1件と換算されてしまうようです。

そこで、販売件数を稼ぐには、次のような方法が効果があると考えられます。

商品の販売価格を、短期間だけでもライバル商品に比べて下げ、検索順位が上がった段階で販売価格をもとに戻します。

このときの順位の基準は、想定するキーワードの上位6位以内に入るのを目安にします。

### ■■ ランキング3位をキープする。

OEM/ODM の商品で、想定されるキーワード検索順位で3位以内に入っていれば、かなり安定した売上が期待できます。

そこで、3位以内をキープし続けるように注視しておきましょう。

およそ、1カ月くらいで順位は安定してきますが、もし、順位が下がるようであれば、再び値下げを行います。

### ■■ 商品価格の設定を、トップ3の商品と同等か、あるいは若干安めに設定します。

トップ3の価格が2,500円程度であったら、2,000円～2,200円程度に設定し、お得な感じを出しましょう。

さらに戦略的な値下げをするときには、一気に980円くらいまで下げ、販売件数を大幅に稼ぎます。

②良質なレビューを集める

★5つの商品レビューが自然に入ってくる仕組みを作り上げましょう。

### ■■ mail でお客さんに、レビューをお願いします。

ただし、この方法は注意が必要です。

Amazon では「報酬をエサにしたレビュー」を禁止事項にしていますから、次のようなことは行ってはいけません。

- 無理やりレビューを書いてもらう。
- 金銭や報酬などで、良いレビューを誘導する。
- 割引、プレゼントなどで良いレビューを誘導する。
- キャッシュバックなどで良いレビューを誘導する。

などです。

では、具体的に mail でどのようにレビューを誘導するのかですが、商品を買ってもらったお客さんに、サンクスカードを商品の中に予め封入しておきましょう。

そしてその中で「商品についての感想などがあれば、評価にお願いします」と表示して、その下に商品レビュー方法を記載しておきましょう。

## ■■ 手書きのサンクスカードを封入

この方法は、人の心理状態に訴える方法です。

非常に手間のかかる方法ですが、そのかわりに大きな効果が期待できます。

③クリック率を高める

Amazon の検索エンジンロジックでは、商品検索の後に、お客さんがあなたの商品をクリックした数が、上位表示に関係します。

このクリック率を高めるためには、次の要素が大切になります。

クリック数を増やすための要素

・メイン画像のクオリティーの高さ
・商品タイトルにキーワードとお客さんに魅力的な情報を入れる
・価格を上位3位より若干安めに設定し、大幅値下げでスタートダッシュを狙う
・★5や★4のレビュー数を多く集める
などです。

④ユニットセクション率を高める

ユニットセクション率とは、商品カタログを見た人が、実際にどれだけ購入したかという数字です。

これには複雑な要素が絡んでいますが、単純にパーセントを上げるには次のような方法が良いと考えられます。

・FBA を使う
・「商品紹介コンテンツ」を使う
・ライバルと比較して適正価格で販売する
　などです。

⑤適切なキーワードを商品カタログに入れる

Amazon で有効なキーワードを探して、それをカタログページ内に入力します。

このキーワードを探すには、検索したい単語を入れたら、Amazon 内で検索が多いキーワードを自動で表示してくれるつぎのようなツールを使うことをお勧めします。

　アマゾンサジェストキーワード一括 DL ツール
　［URL］https://www.azkw.net/

⑥キーワードが効いてるかをチェックする

キーワードが効いているかのチェックは、Google の拡張機能ツールを利用すると良いでしょう。

　Amazon KW Index and Rank Tracker
　［URL］https://chrome.google.com/webstore/detail/amazon-kw-index-and-rank/dehlblnjjkkbapjemjbeafjhjpjoifii/related

使い方は、Google の拡張機能をダウンロードしてから、サイトに飛び、

『amazon.co.jp』を選んで、

　その右の窓に『子 ASIN』を入れます。

　つぎに、調べたいキーワードを下の窓に入れます。

　ローディングが完了すると、

　Indexed ？：キーワードが効いてるかどうか

　Ranked ASIN：キーワードが効いている『子 ASIN』

　Rank：検索表示順位 (1 ページにつき 24 個なので、この場合 3 ページ目 )

　Competing Product：類似商品がいくつあるか

　という形で、キワードの状態が把握できます。


　⑦在庫に余裕を持っておく

　Amazon の検索エンジンは、在庫が無くなると順位が落ちます。

　そこで、常に在庫を切らさないようにしておかなければなりません。

# スポンサープロダクトを使いこなす

Amazonで商品を販売していく上で、スポンサープロダクト＝広告は、必ず利用していかなければならないツールです。

そこでここでは、スポンサープロダクトに関しての概要をお話してまいります。

□スポンサープロダクトとは

スポンサープロダクトとは、Amazonの中で行われる広告のことを指します。

Amazon内で商品の検索を行うと、次のように、検索でヒットした商品が表示されます。

## スポンサープロダクトの表示

表示される商品は、2つに大別され、最も目に付きやすいページの上下部にスポンサーわくが配置され（このページで言うと赤枠内）、スポンサープロダクトを利用した商品が表示されます。

### ■■■ スポンサープロダクトをなぜ使うのか？

これは「アクセスを集めるため」にほかありません。

あなたのオリジナルブランド商品を、Amazonにただ出品しただけでは、なかなか売上を上げることはできません。

なぜなら、あなたの商品を知りませんし、ましてやあなたの商品が出品されたことすら知りません。

そこで、あなたの商品を広く認知させるために、このスポンサープロダクトを利用するのです。

広く認知されればそれだけ「アクセス」される機会も増え、「アクセス」を集めることで販売につなげていくことができるのです。

物販には、次のような「売上の方程式」と呼ばれるものが存在します。

売上の方程式
売上＝客数×単価×成約率

つまり売上は、「客数」、「単価」、「成約率」という三つの要素によって成り立ちます。

Amazonで商品を販売する上で、「単価」はどんなに付加価値をつけても、相場を大きく上回ることはできません。

同様に、「成約率」もどんなに商品ページのクオリティを上げたとしても、限界があります。

つまり「単価」と「成約率」は、自分のコントロールに限界がある要素だといえるのです。

ところが「客数」に関しては、現実にはAmazonへの来客数を上回ることはできないものの、一つの商品への来客数などは、Amazon全体の来客数に比べればわずかなものなので、事実上無制限に増やせると考えて良い要素になります。

つまり、「客数」を増やすのはあなたのやり方次第ともいえます。

そしてこの「客数」こそが、Amazon上ではアクセス数と呼ばれるも

のだからです。

## ■ 広告の特徴とメリット

　スポンサープロダクトの特徴とメリットは、次のようなものです。

　特徴

・大口出品者のみ利用可能な広告なので、必ず大口出品者契約をしましょう。

・セルフサービス型の広告なので、利用したいときに利用できます。

・操作項目が少ないので、誰でも簡単に利用できます。

・登録料、月額固定費０円なので、気軽にはじめられます。

　メリット

・１ページ目に表示できるため、お客さんに認知されやすく、アクセスを集めやすくなります。

・初心者でも簡単に使えます。

・どういうキーワードであなたの商品がヒットし、売れたのかが明確にわかるので、その後の販売戦術を立てやすくなります。

## ■ 広告の概要

　広告の方法には、オートターゲティングとマニュアルターゲティングの２つの方法があります。

　オートターゲティングとは、商品ページの情報を元にアマゾンがキーワードを自動選択して広告を掲載する方法です。

　この方法は、不特定多数のお客さんに、広くあなたの商品を認知してもらうときに有効です。

　また、購入者の入力した検索キーワードのデータが取れる代わりに、無駄なクリックが多くなり、比較的広告費が多く必要になるという特徴があります。

　これに対してマニュアルターゲティングは、あなた自身がキーワード

を選択して広告を掲載する方法です。

　この方法は、あなたが見込み客だと考えるターゲットに、ピンポイントで認知してもらえる方法です。

　したがって、無駄なクリック数も少なく、オートターゲティングに比べて広告費を抑えやすいという特徴があります。

　この2つの方法の使いわけは、あなたの商品がどのキーワードで検索されるのかがわからない販売初期に、データ収集と割り切ってオートターゲティングを使い、検索キーワードが明確になった時点でマニュアルターゲティングに切り替えると良いでしょう。

　双方方法の良いところを適時利用することが、スポンサープロダクトの極意といえます。

### ■■■ 広告の掲載枠

　スポンサープロダクトの広告は、PCでの画面でいえば、検索された商品の上部に4商品、下部に4商品の計8商品が1ページに掲載されます。

　さらに、お客さんが、検索画面でクリックした商品が表示された画面の下にも表示されます。

### 広告枠を作る

　モバイルの画面では、PC画面より大きくて、選択しやすい場所に掲載されます。

## 広告枠の表示

### 登録方法

スポンサープロダクトは、大口出品のアカウントを登録すると、「セラーセントラル」の「広告」の中の「広告キャンペーンマネージャー」をクリックすれば、登録画面が表示されます。

セラーセントラル＞広告＞広告キャンペーンマネージャー

最初に表示されるのは、次のような画面です。

ここで黄色の「広告設定画面へ」ボタンを押すと、広告設定画面の１ページが表示され、広告の設定を行うことができるようになります。

## キャンペーンを作成

### ■■■ 広告の料金

　スポンサープロダクトの広告は、表示されているだけでは料金がかからず、お客さんがあなたの商品のカタログページを見るために、広告のあなたの商品画像をクリックすると初めて広告費が発生するPPC広告と呼ばれるものです。

　さらに、１日あたりの予算と１クリックあたりの単価が自由に設定できます。

　そして、この１クリックあたりの単価によって、掲載される回数や場所が変わってきます。

　当然、１クリック単価が高ければ高いほど、優遇される広告になります。

　広告の支払い方法は、アカウントの売上残高から差し引かれる方法と、

クレジットカードによる支払いの2つから選択することができます。

## ■■■ 注意点

スポンサープロダクトは、次のような商品の場合には利用できません。

---

- スポンサープロダクトが利用できない商品
- 対象外の商品：
- アダルト商品・中古品・再生品・電子タバコ関連商品・Amazon出品制限・禁止商品

---

また、広告の掲載順位は次の3つの要素から、Amazon独自のアルゴリズムにより決定されます。

---

掲載順位を決める3つの要素
- 入札額に基づく指標
- 広告がクリックされる見込み
- キーワードと広告の関連性

---

このアルゴリズムを分析して、具体的な掲載順位を上げるポイントは次の2つに絞られます。

---

掲載順位を上げる2つのポイント
- 関連性の高いキーワードを設定する
- 1クリックの入札金額を高く設定する

---

特に初めて広告を掲載するときには、広告ランクが0の状態なので、最初に1クリックの入札金額をできるだけ高めに設定すれば、広告ランクも比較的上位に上がりやすく、掲載順位も上がり、商品の認知度もクリ

ック数も上がりやすくなります。

# 商品紹介コンテンツの作成

　商品紹介コンテンツとは、カタログページ内で、画像や説明文を効果的にレイアウトし、あなたの商品をより魅力的に紹介するものです。

　この商品紹介コンテンツをうまく使うことによって、成約率が13%程もアップするという、非常に効果的な機能です。

## 魅力的なページを作る

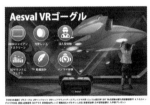

## ■■ 商品紹介コンテンツのアクセス方法と設定

「セラーセントラル」の「在庫」のプルダウンメニューに、「商品紹介コンテツの管理」というボタンをクリックします。

　セラーセントラル＞在庫＞商品紹介コンテンツ

　あるいは、「在庫」の「在庫管理」と進んだ「詳細の編集」のプルダウンメニューから「商品紹介コンテツの編集」を選ぶことでも、商品紹介コンテンツの編集ページに移動することができます。

## 手順①

**amazon** seller central

カタログ　　在庫　　価格　　注文　　広告

在庫管理

FBA在庫管理

出品商品情報の改善

出品者出荷の商品の管理

在庫健全化ツール

商品登録

アップロードによる一括商品登録

出品レポート

グローバルセリング

FBA納品手続き

ビデオのアップロードと管理

商品ドキュメントの管理

商品紹介コンテンツ管理

次のような手順で進みます。

## 手順②

商品紹介コンテンツマネージャー ▸トレーニング

商品紹介コンテンツマネージャーを使用して、購入者に商品の特徴について説明する商品紹介コンテンツを商品詳細ページに追加してください。

商品紹介コンテンツの作成を開始する

**手順③**

**手順④**

　テキストの入力部分では、次のような6種類の文字装飾を利用することができます。

**手順⑤**

テキスト入力で利用できる装飾
①装飾なし
②太文字
③斜め文字

④下線

⑤番号付きリスト

⑥番号なしリスト

　一通り写真やテキストの入力を終えたら、「下書きとして保存」ボタンを押して、入力したデータを必ず保存してください。

　その上で、「プレビュー」ボタンを押して、制作した商品紹介ページをチェックします。

「下書きとして保存」を押さずに、「プレビュー」ボタンを押してしまうと、誤って折角入力したデータを削除してしまうことがありますから、必ず「下書きとして保存」を押す癖をつけてください。

## 手順⑥

> キャンセル　　　下書きを保存　　　次：ASINを適用

　レイアウトなどを確認して問題がなければ、「保存して送信」ボタンをクリックします。

## 手順⑦

> キャンセル　　　下書きを保存　　　次：ASINを適用

　この後、Amazon で商品紹介コンテンツの審査があり、審査に通れば

掲載されることになります。

　商品紹介コンテンツでは、次の点に注意して制作してください。

> 商品紹介コンテンツの注意点
> - 商品紹介コンテンツは初回のみ審査がある（まずは当たり障りの
>   ない内容の文面にして審査に通りやすくする）
> - 審査後編集ができる

　また、すでに既存の商品に商品紹介コンテンツが作成されている場合
には、ここからコピーすることも可能です。

## 商品を納品

　既存の商品紹介コンテンツからコピー＞ SKU を入力＞コピー

　以上になります

# 商標を取得して相乗りを防止する

プライベートブランドを立ち上げて、商品を販売していると、他人に自分のブランド名を使われるなどの心配が出てきます。

そんなときに他人に自分のブランドを侵害されないようにする手段があります。

それが商標権の取得です。

商標権とは、知的財産権の一つで、ブランドのロゴやマークなどを独占的に使用できる権利を言います。

商標権の存在期間は10年ですが、更新することも可能なので、更新によりほぼ半永久的に独占することもできます。

この商標権は、特許庁に出願、登録することで取得できますが、通常は、弁理士などに依頼して出願を行ってもらいます。

ここでは、この商標権を自分で申請して取得する方法をお話してまいります。

自分で取得すれば、驚くほど安く取得することができますし、しかも、それほど難しい作業ではありません。

商標権における商標とは、次の5つの商標を言います。

---

商標権における5つの商標
- 文字商標
- 図形商標
- 記号商標
- 立体商標
- 組み合わせ商標

---

## ■ 文字商標とは

　最も判りやすいのが文字商標です。サービスや商品の名前、企業の名前（商号）が対象としたもので、例として、「SONY」や「カローラ」などがこれにあたります。

## ■ 図形商標とは

　図形商標は、イラストなどで表現されたロゴが対象とした商標です。例えば、「黒ネコヤマトの宅急便」のマークやプレイステーションのロゴなどが図形商標になります。

## ■ 記号商標とは

　記号商標は、屋号や紋章と言ったトレードマークが保護対象となります。例として、徳川家ゆかりの「三つ葉葵の紋」などです。

## ■ 立体商標とは

　立体商標は、絵や文字ではなく立体造形物を商標として保護する商標権です。(例) マクドナルドのドナルド、KFC のカーネル・サンダース、コカ・コーラのガラス製びんなど

## ■ 組み合わせ商標とは

　文字・図形・記号・立体の商標を組み合わせた商標も登録の対象となります。

　商標権の侵害は、商標法違反として刑事事件となり、商標権者の権利を侵害したり、不当利得を得たりしたものは、逮捕され、有罪が確定すれば 10 年以下の懲役、または 100 万円以下の罰金が課せられます。

　また、刑事事件として裁かれるだけでなく、商標権者や被害者から民事訴訟を起こされ、賠償金を請求されることもあります。

つまり、商標権を取得しておけば、あなたのプライベートブランドや、プライベートブランド商品は法律的に守られ、あなたの許可なく、同じ商標の商品を作ることも、売ることもできなくなります。

　したがって、Amazon のあなたの商品カタログページに相乗りすることは、不可能になります。

### ■■■ 商標登録の5ステップ

　Step1　自分が登録したい商標がすでに登録されていないか調べる

　商標は、すでに登録されている商標と同じものや、似ているものを登録することはできません。

　そこで、商標の出願を行う前に、自分の出願したい商標が、すでに登録されていないかを調べておく必要があります。

　出願済みの商標は、特許庁のサイト（https://www.jplatpat.inpit.go.jp/web/all/top/BTmTopPage）で検索することができます。

　Step2　自分が登録する商標はどの区分で出せばいいか調べる

　次に、自分の登録する商標がどの商標区分に該当するかを調べます。

　区分は、特許庁の類似商品・役参考務審査基準（国際分類第9版対応）ページの参考（https://www.jpo.go.jp/system/laws/rule/guideline/trademark/ruiji_kijun/ruiji_kijun9.html）に書かれていますので、確認してください。

　Step3　必要書類を準備する

　商標登録には、決まった様式の必要書類で、申請することが必要です。

　そこで必要書類を独立行政法人工業所有権情報・研修館のホームページの各種申請一覧（紙手続の様式）ページ（https://faq.inpit.go.jp/industrial/faq/search/result/10939.html?event=FE0006）からダウンロードをしてください。

Step4　特許庁に電話して書類を確認してもらう

書類を作り終えたら、特許庁に電話連絡して書類を確認してもらうと、出願前に記入ミスなどを防ぐことができます。

この Step4 は任意ですが、少しでも不安がある場合には確認してもらうことをお勧めします。

Step5　出願する

書類に問題がなければ、出願します。

この他、出願には紙書類での出願以外に、電子出願という方法もあります。電子出願を行えば、紙書類での出願より電子化手数料分だけ安く出願することができます。

電子出願は、特許庁の電子出願ソフトサポートページ（http://www.pcinfo.jpo.go.jp/site/index.html）から行うことができます。

### ■■■ 出願に必要な費用

商標権出願と登録には、出願のときに必要となる出願料と、無事に商標が登録されたときに必要になる登録費用、そして紙書類で出願したときに必要となる電子化手数料の3つの費用が必要になります。

---

商標登録出願 3,400円＋（区分数×8,600円）

---

出願費用は特許印紙での納付になり、収入印紙ではないことに注意してください。

---

商標登録料区分数×28,200円（10年分）
区分数×16,400円（5年分）

---

商標登録料には、10年のものと、前期・後期の分割納付を行う5年間

のものとがありますが、継続して物販をされる意向がある場合には、10年を選択されることをお勧めします。

電子化手数料 1,200 円＋書面のページ数×700 円

商標は自分のブランドを守る大きな武器です。相乗り防止の観点だけでなく、自分の仕入れた商品をより確実に販売して利益をあげていくためには、様々なところで優遇されます。

もしあなたがプライベートブランド販売を実践しようと思っているのであれば、自分が販売する商品に必要な商標を出願しておくことをお勧めします。

# おわりに

　本書を最後までお読みいただき、ありがとうございました。

　本書の「はじめに」で、「月商1000万円を1日たった数時間の作業で手に入れられます」というお話しました。続けて「そんなうさん臭い話を、最後まで読み続けられますか?」とあなたに尋ねました。覚えていらっしゃいますでしょうか?

　あなたは、本書を最後までお読みいただいたわけですが、中にはすでに中国OEM/ODMをはじめて、「月商1000万円」への道を歩みはじめられている方もいらっしゃるのではないでしょうか。

　いや、すでに達成した方もいらっしゃるかもしれません。「案ずるより産むが易し」で、中国OEM/ODMやプライベートブランド販売が、意外にも難しくなかったことを感じておられる方は多いはずです。

　時間や労力をかけることなく簡単に大きな利益を手にできることがご理解いただけたのではないでしょうか?

　本書では紙幅の都合上、お伝えしたいことの半分も伝えられませんでした。それでもこの本で書かれているノウハウだけで『月商1000万円』を十分に稼ぎ出せるだけの内容にしてあります。

　これが「寺田式物販スクール」なのです。

　あとは、ほんの少しの勇気を持って、本書のノウハウに従って行動するだけです。どなたにでもチャンスは広がっています。

　ぜひ、ご一緒にAmazonという宝の眠る大森林の覇者となり、

豊かで楽しい人生を送ろうではありませんか。

　そして、もし道に迷うことがあれば、いつでもホームページや
セミナーに参加され、お声を掛けかけてください。

　私の今までの経験や、知識であればいつでもお分けしますし、そ
れでもわからないことがあれば、ご一緒に悩んで、より良い方法
を模索したいと思います。

　本書を読まれ、一人でも多くの方がお金の悩みから開放され、人
生の大逆転を果たされることを祈りながら、筆をおきます。

　2021 年冬　寺田正信

# 読者限定特典

著者の公式LINEを登録すると
**下記の2つの特典を
プレゼント！**

 **特典1**
寺田式
売れる商品リスト**200**選

誰もが欲しがる「外さない」アイテムを厳選して紹介！

 **特典2**
**コンサル生限定の
リサーチ講義動画**

著者の経験によるビジネスのコツを伝授します

 **左のQRコードから登録後、
「特典希望」と書いて送信**

（QRコードが読み込めない場合は、LINE ID：@teradamasanobu22で検索）

# 寺田正信 （てらだ・まさのぶ）

1990 年 7 月 3 日生まれ。
株式会社クウォンツ　代表取締役。

高校卒業後、企業に就職し、堅実な生活を築いていたが、父の影響で 2011 年秋、「せどり」というビジネスを知り、転売ビジネスをスタートする。会社員の傍ら、せどりで月収 100 万円を達成する。起業後も会社員は続けながら、月収 100 万円以上を安定的に稼ぐことに成功する。

2012 年、転売ビジネスの限界を感じて、中国輸入 Amazon 販売に転身。開始から 4 カ月で利益 120 万円を達成した。副業として中国輸入ビジネスを指導するスクールを立ち上げる。実績者を多数輩出し、高い評価を得る。

2015 年秋、メルカリ転売を開始。その 3 カ月後の 2016 年メルカリだけで月商 1000 万円、利益 300 万円を達成し、そのノウハウをもとに転売ビジネスを実践するコミュニティを創設する。自身が運営する物販コミュニティでは、月商 300 万円超え、利益 100 万円達成者が続出。なかには、月商 1000 万円を超える塾生も複数輩出される。現在は中国輸入 OEM& 国内 OEM を駆使して Amazon・楽天など多販路展開し、物販ビジネスで活躍している。直近の 12 月には自身の最高記録となる中国輸入で月商 3000 万円、利益 1000 万円を達成し、同業者から多くの注目を集めた。

今最も勢いのある物販ビジネスのプレイヤーであり、コミュニティリーダーでもある。

■ LINE 公式アカウント ID：@teradamasanobu22

## 1日30分から始める
# Amazon輸入ビジネス1年目の教科書

2021年12月22日　初版発行

| | |
|---|---|
| 著　者 | 寺田正信 |
| 発行者 | 野村直克 |
| 発行所 | 総合法令出版株式会社 |

〒103-0001　東京都中央区日本橋小伝馬町15-18

EDGE 小伝馬町ビル9階

電話 03-5623-5121（代）

印刷・製本　中央精版印刷株式会社

総合法令出版ホームページ　http://www.horei.com/